High
EQ
COMMU-
NCIATION

于洋　鲍娜吉/著

高情商
沟通

寻找人际关系的金钥匙

中华工商联合出版社

图书在版编目（CIP）数据

高情商沟通：寻找人际关系的金钥匙/于洋，鲍娜吉著. -- 修订本. -- 北京：中华工商联合出版社，2020.12（2024.2重印）

ISBN 978-7-5158-2897-8

Ⅰ.①高… Ⅱ.①于… ②鲍… Ⅲ.①心理交往—通俗读物 Ⅳ.①C912.11-49

中国版本图书馆CIP数据核字（2020）第 198646 号

高情商沟通：寻找人际关系的金钥匙

作　　者：	于　洋　鲍娜吉
出 品 人：	李　梁
责任编辑：	李　瑛　孟　丹
责任审读：	李　征
责任印制：	迈致红
出版发行：	中华工商联合出版社有限责任公司
印　　刷：	三河市同力彩印有限公司
版　　次：	2022 年 1 月第 1 版
印　　次：	2024 年 2 月第 5 次印刷
开　　本：	710mm×1020mm　1/16
字　　数：	150 千字
印　　张：	13.5
书　　号：	ISBN 978-7-5158-2897-8
定　　价：	69.00 元

服务热线：010-58301130-0（前台）

销售热线：010-58302977（网店部）

　　　　　010-58302166（门店部）

　　　　　010-58302837（馆配部、新媒体部）

　　　　　010-58302813（团购部）

地址邮编：北京市西城区西环广场 A 座

　　　　　19-20 层，100044

http://www.chgslcbs.cn

投稿热线：010-58302907（总编室）

投稿邮箱：1621239583@qq.com

学会拒绝，才能真正学会沟通

学会拒绝别人，不仅是学习沟通的技巧，更重要的是领悟为人处世的态度。一个不会拒绝，甚至不敢拒绝的人，必然存在沟通方面的问题，同时，也有心理因素的影响。当你发现自己时常违背本心而不敢拒绝的时候，你就要意识到这不仅是沟通方式的欠缺，更是不正常的心理状态。

一个不敢拒绝别人的人，生活中也就会在无形之中多了许多烦恼，原本畅快的生活也会受到打扰。人活在世，困难和挫折已经足够多，想要活得轻松自在，屏蔽掉不必要的麻烦是理智的选择。可惜道理人人都懂，真正能够做到坦诚拒绝的人少之又少。

想要学会拒绝，首先要过心理这一关。许多人抵触拒绝别人这件事，说个"不"字难于上青天，面对别人的请求，即便有万分不愿意，也会硬着头皮接受。在心理学上，对于不会拒绝，又怕被人拒绝的状态，称之为"被拒敏感"。直白来讲，就是给外在一种不怕别人给自己添麻烦，但怕麻烦别人。这类人很容易赢得好人缘，总是有求必应，而且独立能干。对他们来说，对方的感受要比自己的感受重要，宁愿委屈

1

自己，也不能得罪别人。此时就需要认清拒绝的重要性，了解之后才能真正懂得拒绝是人生必要的一种能力。

在能够接纳拒绝之后，就要学习一些拒绝的说话技巧，用高情商的方式去拒绝，也就降低了拒绝带来的矛盾和摩擦，让对方欣然接受你的拒绝，也就不会担心因为拒绝所产生的负面影响，拒绝也就变得更轻松。除了学会拒绝，也要学会接纳被拒绝，只有当你能够坦然面对别人的拒绝时，才能够坦然拒绝别人。当然，每个人都会存在有求于人的时候，如何沟通才能达到目的，这也需要一些说话的技巧。

总而言之，拒绝没有想象中那么难，之所以难于开口，要多在自身找原因，多去学习，勇于去改变。

三毛说："不要害怕拒绝他人，如果自己的理由出于正当。当一个人开口提出要求的时候，他的心里已预备好了两种答案。所以，给他任何一个其中的答案，都是意料中的。"因拒绝而产生内疚，这是畏于拒绝的人们的通病。不要犹豫了，该拒绝就拒绝，不要做消耗自己的老好人。漫漫人生路，不能总是憋屈着过。

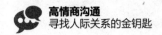

CHAPTER 03
第 三 章

会说话，让拒绝不尴尬

1．别让直截了当伤了人　　048

2．拖泥带水惹人厌　　052

3．"是的，但是"，巧用转折　　056

4．温柔拒绝，降低杀伤力　　059

5．直言坏结果　　063

CHAPTER 04
第 四 章

拒绝有术，用高情商来解围

1．委婉地拒绝　　068

2．从容地表达不满　　074

3．该强势绝不说软话　　078

4．转移话题，避免拒绝时产生尴尬　　082

5．适时沉默，无声拒绝　　087

6．为拒绝找到合适的理由　　091

目 录 CONTENTS

CHAPTER 01

第 一 章

拒绝，比你想得更重要

1. 比拒绝更可怕的事   002

2. 不做消耗自己的老好人   006

3. 高情商，拯救拒绝恐惧   010

4. 不懂拒绝，害人害己   014

5. 讨好别人，不如成全自己   018

CHAPTER 02

第 二 章

别被牵着鼻子走

1. 主动拒绝，不要被动接受   024

2. 重要的事，自己做主   028

3. 别把懦弱当作善良   032

4. 不靠附和赢得存在感   036

5. 真正的朋友，可以说"不"   040

6. 没必要让所有人都满意   043

CHAPTER 05

第 五 章

恰当地"耍心机"

1. 正话反说巧拒绝 096

2. 以牙还牙 100

3. 问题拒绝法 103

4. 条件拒绝，让对方知难而退 106

5. 折中方案解决两难 109

CHAPTER 06

第 六 章

幽默拒绝，不伤和气

1. 幽默能让拒绝变得更轻松 114

2. 用幽默缓解尴尬 118

3. 聪明人才懂自嘲 121

4. 大智若愚，糊涂拒绝 126

5. 幽默要讲分寸 130

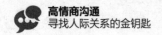

CHAPTER 07

第 七 章

做人坦荡，拒绝更有底气

1．拒绝诱惑，才能随意拒绝　　136

2．忍耐也要有限度　　139

3．不轻易麻烦人　　142

4．以理服人，以情感人　　146

5．找个挡箭牌　　150

CHAPTER 08

第 八 章

那些必须要拒绝的事

1．拒绝做冤大头　　154

2．拒绝不合理的要求　　156

3．拒绝道德绑架　　160

4．拒绝做坏情绪的垃圾桶　　165

5．拒绝做职场烂好人　　168

CHAPTER 09

第 九 章

学会拒绝，接受被拒绝

1. 被拒绝也是一种成长   174

2. 遭到拒绝，多问一句为什么   177

3. 不说尖酸刻薄的话   181

4. 被拒绝，学会释怀   184

CHAPTER 10

第 十 章

高情商，让别人无法拒绝

1. 避免被拒绝   190

2. 找准兴趣点，引导对方接受   194

3. 用赞美卸下对方的心防   197

4. 多做铺垫   201

5. 赞美有度，别适得其反   204

第 一 章

拒绝，比你想得更重要

CHAPTER 01

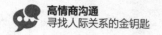
1 比拒绝更可怕的事

比拒绝更可怕的事，是瞻前顾后，不敢拒绝。这不是个性，而是共性，十人之中，恐怕要有八个人不敢说"不"。不敢拒绝，同时也不懂拒绝。这是人类的通病，看似一个简单的"不"字，却成为无数人的痛处。

孔子曰："温良恭俭让，礼义仁智信。"这是我们中国人千百年来推崇的传统美德，不争不抢，做一个温和心善的人。自小，我们就学习孔融让梨的故事，要谦让，要舍己为人。成年社会的生存规则，人情世故大过天，要学会与他人和睦相处，要学会取悦他人，但惟独鲜有人告诉我们，尊重并且捍卫自己的真实感受。

实事求是地讲，多数人的心理成熟度并不高，这就体现在他们无法正视拒绝这件事，更无法轻松自在地拒绝别人。挑战需要勇气，拒绝也是如此，甚至对于一向不好意思开口说不的人来说，更需要勇气。

在心理学上，对于不会拒绝，又怕被人拒绝的状态，称之为"被拒敏感"。直白来讲，就是不怕别人给自己添麻烦，但怕麻烦别人。这类人很容易赢得好人缘，总是有求必应，而且独立能干。对他来说，对方的感受要比自己的感受重要，宁愿委屈自己，也不能得罪别人。

不敢拒绝，怕得罪人，已然成为一种社交焦虑，不能自我摆脱的话，生活中也必然平添许多烦恼。想要学会拒绝，就要先了解自己为什么不敢拒绝。

第一，害怕拒绝的人，在过往的人生中，大概经历了太多次被拒绝的体验。

这样不行，那样不行，处处不行，对你说"不"的人，或许是父母，或许是朋友，他们的反对多过支持，常说的就是"你不能""你不要"。在长时间的相处中，自己也就习惯了被拒绝，与此同时，也在心里留下了被拒创伤，从而潜移默化地影响自己，对"不"高度敏感，害怕别人对自己说不，也害怕对别人说不。

第二，自尊心极强，但又极其脆弱，好面子却又只能"打肿脸充胖子"。

绝大多数人格外关注他人对自己的评价，将外在的声音看得比自我认知还重要，做事思前想后，担心被别人指指点点。如此，拒绝他人的时候也会颇有顾忌，怕别人说三道四，坏了自己原本的形象。自尊支配着我们去在意别人的感受，在某种程度上也就成为禁锢束缚自我的枷锁。

第三，在很大程度上，不敢拒绝是为了讨好。

对于别人的要求，满口答应下来并不遗余力地去完成，即便要消耗大量的精力和物力也在所不惜。如此执着于付出，实际上是有苦说不出，但仍要坚持，为的就是维护彼此的关系，不愿意因为自己的拒绝而

破坏了和谐的氛围。

第四，对外界有强烈的依赖感，不敢轻易破坏一段关系，只能努力维系。

依赖感，是一个人的价值关系受他人的价值关系所影响产生的一种特殊的感觉。当这种依赖感过于强烈时，就意味着会受制于人的可能大大提高。依赖感越强，越容易产生一种分离焦虑，在人际交往中，遇到需要拒绝的时候，就会放大这种焦虑，潜意识中，就害怕拒绝。

敢于拒绝，就是对自己最大的尊重和爱护。做一个敢于拒绝的人，将收获一个自由的人生，而不是受制于其他人的喜怒哀乐。

美国前总统肯尼迪，有一位美丽的妻子，而她的魅力不仅仅表现在她的外貌，还有她内心的洒脱，尤其是在纷扰的世界中，仍能遵从内心的意愿，拒绝外界的叨扰。

她清楚自己的喜好，更懂得拒绝那些浪费时间的事情，从而在忙碌中为自己开辟足够的私人空间。作为总统夫人，有接二连三的社交活动邀请她参加，但她有自己的原则，只参加有意义的活动，以及她自己感兴趣的活动，其他一概拒绝。拒绝掉大部分社交活动，就节省下不少时间，她就可以安安静静地研读手稿，在公园跑步，练习瑜伽……有一次，婆婆要求产后不久的她梳妆打扮，来客厅招呼前来拜访的宾客，对此，她表示了拒绝，没有勉强自己做自己不愿意的事情。

总统夫人的洒脱，来自于她对拒绝的态度。她勇于对不喜欢的事情说"不"，即便是处在万人敬仰的位置，一举一动都受人点评，也不能改变她对自己的爱护，她不想为了取悦别人而耽误自己的生活。

想要做一个敢说"不"的人，态度在前，技巧在后。先摆平心理障碍，再去掌握拒绝的说话技巧，由此，才能真正洒脱起来。

怎么做，才能做到顺从本心去拒绝呢？

1. 学会允许自己

拒绝他人，首先从允许自己开始。乍一听，好像有些奇怪，但是，想要学会拒绝并敢于拒绝，首先要过的就是自己这一关。允许自己不完美，允许自己不能有求必应，允许自己率先照顾自己的感受。学会平等地看待自己和他人，拒绝并不等同于亏欠。

2. 学会接受被拒绝

学会拒绝他人之前，也要学会接受被拒绝。只有当你能够心平气和地接受他人的拒绝时，才能不害怕拒绝他人。当你觉得被拒不再是一件羞愧的事，不再产生消极的情绪，那么当你拒绝他人时，也就不会再担惊受怕，害怕对方会因此而恼怒，破坏彼此的关系，造成不必要的人际交往烦恼。

3. 学会高情商拒绝

当你的心态做好准备，接下来要做的就是学会高情商拒绝。拒绝，简单两个字，却蕴含着深厚丰富的说话技巧。情商足够高，拒绝的方式足够有效，就能够在不得罪对方的前提下，轻松拒绝。只要你有心，认真去揣摩，那么你也能够学会高情商拒绝的方法，让自己的人生不再受他人所累。

情商再高，说话技巧再丰富，如果不能做到心态上的改变，仍会因为不敢拒绝而烦恼。所以，摆正心态，再去学习拒绝的技巧。

❷ 不做消耗自己的老好人

评价一个人是"老好人"，说者是赞美，但老好人本身却承受了太多说不出的苦。这个名声必定是一次又一次的乐于助人换来的，这背后就是一次又一次的不敢拒绝。赢得好人缘，自然是好事，但换个角度来讲，有时候也是对自己的一种消耗。

可以做一个好人，乐于助人，为人随和，但不代表要任人"宰割"。学会拒接，不是让你活得自私自利，而是最大程度上，获得完整的自主权。只要你心甘情愿，无论付出怎样的代价都无所谓，但如果你不愿意，却依旧硬着头皮去接受，这就是一种病态的生活模式。

大学期间，小丽是宿舍的老好人，整天为了其他舍友忙前忙后，无论谁有麻烦，首先想到的都是向她求助。她确实因此换来了好人缘，但同时，却是以牺牲自己的时间和意愿为前提。最终，这种热心肠变成了舍友心中的理所应当和习以为常。

当小丽一个人在自习室看书时，舍友的电话一个接一个打过来，要她帮忙带午饭，光接电话就进进出出好几次。不仅如此，舍友还一再要求她早些回去，不想自己饿肚子。小丽心有不满，却没有拒绝，为了满足舍友的要求，不得不提前离开自习室，打算看完的书也没有完成。单是在窗口排队买饭，就耗费了许多时间。

小丽打算趁着周末，把没有看完的电视剧看完，然后好好睡个午觉。但是，舍友约她一起去逛街，她说不出拒绝的话，只好放弃自己的计划，陪舍友去逛街。这只是她大学生活的一个缩影，有太多时候都是顺从别人的安排，为了满足别人的心愿而违背自己。

应该责怪小丽的舍友吗？或许他们有不对的地方，但绝不是根本原因。如果在面对舍友的请求时，能够坦诚地说出自己的想法，干脆利落地拒绝她们，也就不会有后面为难自己的事情。归根结底，问题还是出在小丽自己身上。别人消耗她的时间和精力，也是她自己答应过的。所以，懂得拒绝就显得尤为可贵。

不懂拒绝的人，注定会任由别人安排摆布，尽管是属于自己的时间，却无法真正由自己支配。学会了拒绝，是拥有自我的重要一步。

小周是个热心肠，颇受同事欢迎，但最近她却因为自己的热心肠给自己制造了许多麻烦。前不久，她兴致勃勃地准备去欧洲旅游，同事们知道后，争先恐后地列了自己的购物清单，请小周代购。小周看着眼花

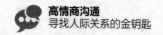
缭乱的清单，从奢侈品到奶粉，还没去就已经犯愁了。原本打算去欧洲度假散心，四处游玩，没想到被动地变成了代购。

好端端的假期，难道就这样泡汤了吗？而且，丈夫已经明确表示不满，去欧洲一趟花费不少，竟不能按照自己的意愿享受假期，这难免让人生气。更让丈夫生气的是小周的态度，明明满心怨言，但仍乐呵呵地答应下来，可想而知，妻子平常也是如此，他心疼妻子受委屈。思来想去，小周决定和同事们摊牌，既然拒绝谁都不好，那就全部拒绝。她一一找到同事，讲明自己的游玩路线，其中并不包括购物，而且她和丈夫两个人实在拿不了那么多东西，所以只能抱歉，下次如果有机会专程去购物，一定会满足大家。同事们也纷纷表示理解，个别同事虽然有些失望，但也没有多说什么。

拒绝之后，小周顿时觉得轻松许多，心情愉悦地开启了度假之旅。假期结束回来之后，给同事们带了一些精致的小礼品，虽然并不贵重，但同事们都很喜欢。

假设，小周没有拒绝，依旧答应下来，结果可想而知。假期从一开始，就和丈夫闹着别扭，丈夫不愿因为代购而牺牲夫妻二人的时间，陪着妻子四处买东西，心情自然也不会很好。短暂的假期就这样在各种商店中度过，每天拎着大包小包在城市穿梭，顾不上欣赏美景、品尝美食，只想着完成同事们的交代。好不容易回国之后，将买到的交给同事，有的同事觉得买贵了，有些没买到，只好连声道歉。

两种开始也就注定了两种结局，一种是坦诚拒绝，成全了自己；一种是羞于拒绝，委屈了自己。这就是拒绝与否的差别，足以见得，在人生之中，学会拒绝的重要性。

做一个好人，是一种自我要求。但现实生活中，想要一直保持好人的形象，需要付出巨大的成本。举个例子，如果你每天都帮同事买早点，当你有一天耽误了，那么他不会因为你之前的好而原谅你的一次失误，而是只记住这一次。当好人没有问题，但要有所节制，要给自己留有无压力拒绝的余地。

三毛说："不要害怕拒绝他人，如果自己的理由出于正当。当一个人开口提出要求的时候，他的心里根本预备好了两种答案。所以，给他任何一个其中的答案，都是意料中的。"因拒绝而产生内疚，这是畏于拒绝的人们的通病。不要犹豫了，该拒绝就拒绝，不要做消耗自己的老好人。漫漫人生路，不能总是憋屈着过。

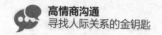

③ 高情商，拯救拒绝恐惧

不敢拒绝，不外乎害怕得罪别人，影响自己的好人缘。实际上，多数情况下，大多数人不会因为一次拒绝就和你结下梁子，很多时候是你自己主观臆断。有些时候，则是因为拒绝的方式有问题，让原本不是问题的问题，变成了一个矛盾。想要拒绝，又不想得罪人，高情商的拒绝技巧就是必备技能。

情商经常被提起，也受到了人们足够的重视，但真正能够将高情商运用到生活中的人却不多。情商深深印刻在我们的心中，以潜移默化的方式影响着一言一行，尤其是在人际交往中，如何待人接物就深受情商的影响。

从心理学角度来讲，高情商的表现之一，是懂得如何克制自己。在加利福尼亚大学进行了一项调查发现，那些不敢轻易说"不"的人承受着更多压力，也更容易感到沮丧和失落。对大部分人来说，对他人说

"不"，是一个危险的信号，意味着要承担许多风险。高情商的人则不会这样，他们敢于说"不"，更重要的是，他们懂得如何说得更易让对方接受。

有些人会觉得，不去拒绝只是为了做一个好人。那么，反问你一下，选择拒绝的人，就是坏人吗？这种观点明显存在误区，好人不等同于顺从。的确，有些人希望获得外界的肯定和认可，而赢得肯定的方式就是顺从，这样才能获得青睐和赞许。

小鹏是一名大一的学生，参加了一个音乐社团，因为发现其他人的水平和能力都比他优秀，所以为了弥补自己专业上的不足，平常在交往的时候，对所有人有求必应，就是为了能够通过这种方式赢得其他人的赞赏。

小林在工作中踏实认真，渴望得到领导和同事的认同，但凡有人拜托她帮忙，只要别人夸她几句，便可以赴汤蹈火。长此以往，当别人需要帮忙的时候，只需要几句好听的话，就能让小林答应下来。然而，时间久了，却成为小林的负担，但为了几句赞美，又不得不硬撑着。

为了做一个自己认为的好人，就牺牲自己的感受，这样的代价未免有些大。总体来讲，这是一种病态的强迫症，强迫自己去接受，换取短暂的欣慰。同时，这也是情商低下的表现，一个人连自己的感受都照顾不好，又怎么主宰自己的人生。

掌握了高情商拒绝的说话技巧，也就不再惧怕拒绝所带来的负面影响。

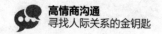
老马的家乡是个贫困县，他年轻的时候就来到城里打工，通过自己的努力在城里置办了房子，也把父母双亲接到了城里享福。后来，有一个老乡拖家带口也准备来城里打工，找到老马支支吾吾说明了来意，原来是住不起旅馆，想着暂时在老马家住一阵子，等找到合适的房子就会搬走。老马听后，没有直接表态，说道："城里的房子就是贵，人多房子少，我家就是个例子，总共两间屋子，却要住下5个人。我家儿子只能睡在客厅里，要说也是对不住孩子，但是咱也实在没办法。你们有困难，我确实想帮忙，可眼下真是有心无力。"

前面做了充分的铺垫，老乡在听了老马家的情况后，就算老马拒绝了他的请求，也不会因此记恨他，毕竟家家有本难念的经，人家的生活已经很困难了，自己又怎么好意思给人家添乱呢。

《红楼梦》中，"一双丹凤三角眼，两弯柳叶吊梢眉"的王熙凤，为我们示范了何为高情商拒绝。

刘姥姥贫困潦倒，吃饭都成了问题，便来到贾府求亲戚帮忙，要点过年的钱。表面上，王熙凤用三言两语就拒绝了刘姥姥，但实际上，其中有许多值得我们学习借鉴的地方。

第一，以礼相待。初见时，王熙凤客气地说道："周姐姐，快搀起来，别拜罢，请坐。我年轻，不大认得，可也不知是什么辈数，不敢称呼。"第二，给明理由。面对刘姥姥的请求，说道："外头看着虽是烈烈轰轰的，殊不知大有大的艰难去处，说与人也未必信罢。"关键在这句话，心里想帮忙，但是自己也有困难，也就是委婉地拒绝了刘姥姥。第三，给予补偿。虽然不能给刘姥姥许多银两，但王熙凤还是给了她20

两银子。这已经让刘姥姥喜笑颜开了。

王熙凤之所以能够做到既拒绝了刘姥姥，又能让刘姥姥满意而归，就是因为她的高情商，让拒绝变得简单，还不会得罪人。

那么，什么样的拒绝方式才称得上是高情商呢？有几点原则可以作为参考。

1. 说话有分寸，不说过分的话。尖酸刻薄的话，会让拒绝变得更令人难以接受。

2. 态度要真诚。用真诚打动人，不要以虚伪的面具示人。

3. 善用赞美的力量。赞美的作用就是缓和气氛，对方心情愉悦，也就更容易接受被拒。

4. 巧用说话技巧。一样的话，但是可以百样说，同样的意思，不同的表达方式，就会有不同的结果。

5. 语气要缓和。和善的语气能够最大程度避免产生矛盾。

其实，拒绝的技巧很多，并不局限于这几点。总体来说，就是口软心硬，不卑不亢，委婉地拒绝。

汪国真曾说："拒绝别人一定要委婉，因为没人喜欢被拒绝。你的温柔，是对对方的安抚，也是给对方一个台阶。"当你掌握了高情商的拒绝方式，自然也就能够轻松化解拒绝带来的矛盾，不会产生矛盾，你也就不会再害怕拒绝。

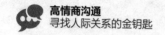
④ 不懂拒绝，害人害己

不懂拒绝，一味逢迎，以为是利人利己，殊不知，也可能害人害己。对自己而言，是一种不顾个人感受的行为；对别人而言，需要承担因为你的勉强而产生的风险。

常说乐于助人，却很少有人告诉你，助人是好事，可一旦付出行动却没能帮助到位的话，就容易变得里外不是人。人人爱惜自己的声誉，重视诚信二字，当你答应对方的时候，对方就相信你能履行承诺，当你反悔的时候，或者以失败告终的时候，你就会知道，与其事后找麻烦，不如当初就干脆利落地拒绝。

朋友求你帮忙，但超出你的能力范围，帮还是不帮？帮，你觉得自己确实做不到；不帮，又担心让对方看不起，有损自己的颜面。思索片刻，你觉得还是应该帮，毕竟拒绝的话很难说出口。于是，你尽心而为，却依旧没能达到朋友的预期，不仅没帮上忙，还帮了倒忙，得不偿失。

多少现实的例子就摆在眼前，告诫我们要量力而行，要学会拒绝。可惜，想要真正学会拒绝，并不是一朝一夕就能完成的。

小李就是这样的一个人，从上学到上班，很少对别人说一个"不"字。他在一家广告公司从事设计师的工作，朋友知道他有国画功底，便希望他能够帮忙画一幅画，作为领导乔迁新居的礼物。朋友对他的水平不了解，小李当然很清楚，虽然自知画技不精，却不好意思拒绝，硬着头皮答应了下来，承诺一个月后将成品交给朋友。

大丈夫一言既出驷马难追，承诺出去的事情，自然不好反悔。这一个月中，小李天天画，但是总没能画出理想的效果，便如此反复画了撕掉，撕掉再继续画。一个月后，当朋友满心期待着他的作品时，他却没有能拿得出手的作品。对爱面子的小李来讲，这就相当于让他去广场裸奔，让所有人都知道他"硬装大尾巴狼"。想来想去，为了圆满交差，保住自己的面子，小李自己出钱买了一幅画回来。朋友见到这幅画，对小李赞不绝口，要请他吃顿大餐以表感谢。

原本以为事情到这里就算告一段落，谁承想，朋友拿到小李的画之后四处炫耀，一时间许多朋友纷纷表示希望能够让小李帮忙画一幅。这可难坏了小李，如果都答应下来，岂不是要了自己的命，如果不答应，肯定会招来闲言闲语。但没办法，如果再不拒绝，小李以后的日子恐怕不得安生。于是，无可奈何之下，小李只好说出了事情的真相，虽说是拒绝了朋友们的请求，但也遭到了朋友们的嘲笑。

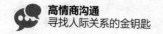

俗话说"没有金钢钻，就别揽瓷器活"，小李就是没有金刚钻，却还是硬把瓷器活揽了下来。别人不知道的是，小李为了这幅画，每天心事重重，工作期间劳心劳力，下班回家后还要继续耗费精力准备这幅画，工作都没能让他背负这么大的压力，一幅画却做到了。因为担心自己画不好，吃饭也吃不好，睡觉也睡不香，一幅画而已，却已经对他造成了极大的困扰。但想当初，是他自己信誓旦旦答应下来的。最后，自己完不成，还要偷偷花钱解决问题。

没有拒绝，虽说是一片好意，但竭尽所能付出之后，结果却差强人意。该拒绝的时候不去拒绝，那么就保证完成，否则不但耽误对方，还会对自己的形象造成不好的影响。

小李的做法绝对不是个例，答应别人的事，一定要与自己的能力相匹配，这一点很重要。同时，也要视个人的情况而定，如果对方的请求打扰到了你的生活，或者对你造成了某些困扰，这个时候就要坚定地拒绝，不要等实在解决不了的时候，再说抱歉。

晓月的闺蜜要远嫁他乡，婚礼也要在外地举行，邀请晓月担任唯一的伴娘，所以她就要请假提前去外地。考虑到正值公司的忙碌期，晓月担心到时候没办法请假，便打算拒绝。但是，又怕因为这件事惹闺蜜生气，便一口答应下来。岂料，真就没能顺利请下假来，最终不得不爽约。对此，晓月的闺蜜特别生气，因为晓月的临时爽约，她不得不重新安排伴娘的人选，伴娘服也要抓紧修改，原本就为婚礼的事忙前忙后操碎了心，自己的好朋友也来添乱，可想而知，她的心情有多糟糕，与晓月也有了嫌隙。

你拒绝，或许并不会怪你，但你在关键时刻"掉链子"，对方即便嘴上不说，心里也是会闹不愉快的。所以，要是不想事后找不痛快，还是第一时间如实拒绝比较好。

不拒绝，就要兑现承诺，一旦无法兑现，你的信用度就要承担损失，对方也要承担一定的风险。当一个人对你有所期待，而你答应下来却无法完成，这对你的形象有害无益。

无能为力的事，不要硬着头皮答应，对自己是种折磨，对他人也是不负责任的表现。没有把握的事，不要轻易地随口答应，不要让自己成为不靠谱的人，影响自己的形象。

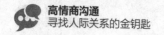
❺ 讨好别人，不如成全自己

初次接触到"取悦症"这一概念，是一本名为《取悦症》的书，作者布莱克是美国人，有着25年工作经验的专业心理医生。在他多年的临床经验中，他发现许多人之所以感到痛苦，是因为有着相同的一点——努力让别人满意。比起自己，他们更在意别人的感受，久而久之，他们完全忽略了自己，却变得过于在意别人。

我们接触心理医生的机会并不多，多数人认为自己心理健康，没有任何问题。殊不知，我们其实存在着各种各样的心理问题，只是有些比较明显，有些则深藏在心里。比如取悦症，又称作"看管人性格障碍"，表现是取悦他人，害怕拒绝和敌意，一旦产生拒绝的想法，就会变得焦虑不安。

常说要与人为善，和气生财，但过分地讨好只会对自己造成伤害。

一个无法正常表达不满的人，必然要默默承受憋闷和烦心，生气和无奈将积郁于心。讨好别人就一定能够在人际交往中风生水起吗？

学生时代，同学要抄你的作业，即便你不想，也点头答应了下来。因为担心拒绝的话，会引起对方的不满，说你是个小气的人，让你陷入被孤立的局面。在他们看来，抄一下作业并没有什么大不了的，正当拒绝却成了无理之举。当你步入社会，类似的事情会更多，而你的讨好又会大大增加这些情况。

既要悦人，也要悦己，但许多人忘记了后者。

小叶是公司新来的实习生，为了更好地融入团队，便努力做到让大家满意。对本职工作尽职尽责，其他临时安排给她的工作也一概接受，就连跑腿取快递这样的杂活也来者不拒。同事们自然喜欢小叶这么勤快的人，杂七杂八的事都能交给小叶去办，她不但不会拒绝，反而会尽心尽力去完成。

如此竭尽心力，小叶得到了什么呢？转正后，小叶仍旧要帮忙处理其他人的琐事，没有任何人觉得有不妥之处，甚至有的人连一句感谢的话都没有。小叶的工作本就不算清闲，加上其他人的事，每一天都是忙忙碌碌。更可悲的是，当小叶偶尔犯错的时候，就会有人对此抱怨。结果可想而知，因为一些本可以拒绝的事情而耽误了自己的工作。小叶的直属领导找她谈话，直接点明了她的工作完成得不够及时，总要拖到很晚，让她自己反思一下，如果情况不能有所改变，就让她考虑一下是不是不适合这份工作。

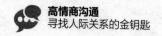
用讨好换来了好人缘，但却影响了自己的前途，这样值得吗？用善念待人没有错，错的是没有原则，没有限度。讨好别人是要付出代价的，有时候就可能是葬送自己的未来。

与其讨好别人，不如成全自己。与别人的需要相比，当然是自己的需要更加重要，这不是自私自利，一个连自己的感受都照顾不好的人，一个用自己的卑微换取成就感、满足感的人，实在算不上一个人格健全的人。

小叶在自我反思后，意识到了问题的严重性，她想取得大家的喜欢是正常的心理需要，但获得的方式并不只有倾尽所有一条路。如果她的本职工作都做不好，还有什么资格留在这里呢？此后，她慢慢学会了拒绝，虽然起初会不好意思，总觉得抱歉，但节省下来的时间足够她认真工作，当她的工作渐入佳境后，同事们也不再"使唤"她，而是对她另眼相看。

怎样才能摆脱"取悦症"呢？这个问题看似容易，却着实不容易。讨好别人容易，成全自己也不容易。你需要学会4个步骤。

1. 了解自己取悦他人的心态，明白了问题所在，再对症下药。讨好别人，是为了获得满足感和成就感，还是害怕稳定的人际关系受到冲击？先搞清楚这些问题，就可以针对自己的问题来进行纠正。

2. 打破取悦他人的习惯，不再习以为常。取悦他人也会产生惯性，习惯了如此，也就很难摆正心态。试着去拒绝不必要的请求，在实践中先迈出一小步，做出一些小的改变。当你心里想拒绝却又开不了口的时候，说服自己说出那个"不"字。

3. 学会恰当表达不满的情绪，恰当的愤怒也是必需品。你不是一块石头，不该隐藏自己的情绪，尤其是消极的情绪更应该及时表达出来。如何控制自己的情绪是一门学问，如何恰当地表达愤怒也是如此。

4. 学会拒绝的技巧，提高自己的情商，让拒绝不伤人，又能达到目的。当你掌握了多种多样的拒绝方式，就能够轻松应对，而不必再讨好别人、委屈自己了。

适当拒绝，并不意味着你是一个自私的人。相反，这证明你是一个有原则的人，你有选择说不的权利。当任何人向你提出要求时，你都可以先考虑一下是否值得答应下来。不要担心对方会因为你的拒绝而气恼，这是他自己的事，他的情绪需要自己去调节，而不是让你去照顾。

人活一世，要经历太多坎坷和艰辛，要学会和他人相处，首先要学会和自己相处。良好的人际关系不是靠一味讨好、逢迎得来的。当你足够独立，足够优秀，足以和你比肩的朋友会向你靠拢。

别被牵着鼻子走

CHAPTER 02

① 主动拒绝，不要被动接受

生活中有太多身不由己，许多人选择默默接受，觉得不去反抗会过得容易一些，久而久之，成了别人的"奴隶"。为什么要被动接受？为什么不去主动拒绝呢？

一位年轻企业家分享了自己成功的秘诀：有些人不能取得成功，其中一个主要原因就是害怕别人提出反对意见，往往因为别人的反对而轻易放弃了自己的想法，这样的人等于失去了自己。不论是做人还是做事，都要明确自己的立场，要有独立的人格。每个人都有自己的想法，绝对不会完全相同，所以要坚持自己的主见，不去附和别人。

做一个有主见的人，不以他人的喜恶来支配自己。对于别人的决定，认可便接受，不认可便拒绝。有些人的可悲之处，就在于没有主见，自知或不自知地接受着别人的安排。做一个有主见的人，要学会自己思考，坚持自己的合理主张，主动进行选择，而不是被动接受。

生活中经常随声附和他人的人随处可见，他们缺少主见，或者有主见却不敢于表达，只好选择人云亦云。在团队中，这样的人非常多，别人提出一些观点，他就会赶紧表示赞同。别人获得赞同，觉得有成就感，他表达了自己的赞同，也觉得找到了同盟，一片和谐。有些人明明有自己的想法，却习惯了附和，轻易就放弃了自己的想法。再有一些人，就是根本没有自己的想法，对任何事都没办法形成自己的观点，认为别人说得都有道理。

一个人真正的自由，不是你决定自己可以做什么，而是你能决定自己可以不做什么，这就是拥有拒绝的能力。能够坚守自己的想法，拒绝别人的灌输，是坚守自我的一种力量。

小幽在一家外贸公司上班，加班是家常便饭，出差也是常事，这一点在她应聘的时候就已经了解过了，综合考虑后她才接受了这份工作。然而，上班之后她就有些后悔了，公司上下单身青年并不多，作为单身员工之一，就肩负着加班和出差的重任。其他同事总有各种理由推托，而小幽不得不选择接受公司的安排，不仅要加班完成自己的工作，还要加班完成其他人的工作，每当别人不愿意出差的时候，公司领导首先想到的就是小幽。

刚开始，小幽觉得这些都是锻炼能力的机会，趁着年轻多付出、多经历未尝不是一件好事，可久而久之，负面情绪也越来越多，她没有时间健身，没有时间看电影，甚至因为经常出差，都没有时间回家看望父母。慢慢地，她从欣然接受变成了无奈接受。当负面情绪开始堆积，小

幽才意识到自己正在为工作无底线地消耗自己，所以她开始转变。

一次，领导又要安排出差的任务，首先自然又是想到了小幽。这一次，小幽没有选择被动接受，而是主动和领导表示，自己连续出差身体有些吃不消，而且已经与父母约好回家团聚，按照公司的规定，她已经在半年的时间内完成了全年的出差任务，所以申请调休。领导见状，领会了小幽的意思，考虑到她确实为公司付出很多，便应允了她的调休，又重新安排了出差的人选。

小幽的主动拒绝为自己赢得了公正的待遇以及合理的休息时间，她尚未恋爱，未组建家庭，不受琐事所累，这些都不是被动接受不合理安排的理由。当她主动提出抗议后，才会有人意识到她的辛苦，从而获得应有的待遇。

一位退休在家的老教授，时常会接受一些邀请四处演讲，起初还满心欢喜，但随着邀请越来越多，他的生活比上班时还要忙碌，体力也慢慢难以支撑下去。他的妻子和儿女都劝他要量力而行，不能每次被邀请都赴约。但老人家不好意思开口拒绝，担心让人在背后议论，说他摆架子，自己累点没关系，但不愿意被人说闲话。终于，他在一次演讲中，因为体力不支晕了过去，在医院住了一个月才回家。通过这件事，老教授才意识到，自己完全违背了当初选择演讲的初衷，想要发挥余热，但前提是自己有计划有目的地进行，像之前那样被动接受安排，将享受变成了受罪。知道自己想要什么，对于不想要的东西要予以说"不"，有了聚焦，才能释放出更多力量。

在考虑是否要主动拒绝时，可以坚持"三不原则"。

第一，不能委屈自己。凡事讲究心甘情愿，你为朋友上刀山下火海都可以，只要你自愿；你为公司粉身碎骨也可以，只要你自愿。但是，如果是满腹牢骚，一肚子委屈，就该提醒自己，是时候主动出击，拒绝被动接受了。

第二，不能接受无理要求。如果遇到了无理要求，要坚决拒绝，无论是用哪种拒绝方式，都要主动拒绝。不要总想着当一个处处忍让的好人，人生会遇到许多困难，其中的绝大部分是需要自己去克服的，所以你该拒绝就不要犹豫，不要把自己的形象设定为救苦救难的活菩萨。

第三，不能违背自己的原则和底线。如果你不清楚自己的原则和底线，那就抓紧时间想一想；如果你有明确的原则和底线，那就在别人触碰它们的时候，勇敢捍卫。别做"软柿子"——一个任何人都可以随意使唤的人。

但凡有一点不能满足，你就要主动表达自己的想法，主动拒绝。你不说，别人或许也不会知道你的心不甘情不愿；你说出来，对方反而更能理解你，让彼此相处更和谐。主动拒绝没有那么难，不要等明显感觉受到"压迫"的时候才悔之晚矣。

② 重要的事，自己做主

一个习惯了被动接受的人，无论大事小情，都难以遵从自己真实的意愿。因此，如果不想被其他人主宰，就要有自己的主张，在关键时刻学会坚持自我，拒绝他人。

许多人不能理解学会拒绝的重要性，他们天真地认为不会拒绝不过是多添些麻烦而已，这种想法是错误的，也是对自己的不负责任。一个拥有独立人格的人，却无法自主地拒绝别人的安排，这又怎么算得上是真正的独立？

学会拒绝，绝对不仅仅是为了摆脱不必要的麻烦，让生活变得轻快自在，更是为了成为人生的真正主宰者，不屈服于人情世故，不担心坚持己见而得罪人。人生在世，最难的就是遵从本心生活，外界存在太多干扰，有些不可抗拒，有些不懂抗拒，最终原本属于你的人生却变成了一副自己不认识的样子。

接近年关，春运的大幕拉开，在异地工作生活的人们开始陆续返乡。晓晴也是春运大部队中的一员，好不容易才买到了返乡的火车票。晓晴在单位有一个老乡，春节准备开车回去，便邀请晓晴搭顺风车，免去挤火车的烦恼。晓晴认为开车返乡虽然比坐火车省时省事，但存在一定的危险，不如火车安稳。但原本坚定要坐火车回家的晓晴，在老乡的一片盛情之下，还是没能拒绝，便退掉了火车票，等着和老乡一同回家。结果，正如晓晴所担心的那样，赶上雪天，一路走得提心吊胆。在一个拐弯处发生了追尾，老乡的车碰撞严重，车上的几个人也受了伤。晓晴怕父母担心，不敢说出实情，不得不延迟两天回家。

发生车祸虽是意料之外，但晓晴却为自己的不敢拒绝付出了代价。生活中也往往如此，对方越是好意，你便越不敢拒绝，但在这么重要的事情上还是要自己做主。任何人都希望一路顺风，可以平安到家，但既然心中有疑虑，就不要因为盛情难却而改变自己的计划。如果这不是一次轻微磕碰的车祸，而是一起严重的车祸，危及到生命安危，又该由谁来对自己负责呢？

盛情难却，这是事实，但不能因为对方是一片好意，就让自己丧失了拒绝的勇气。对于别人的好意，拒绝不代表不知道好歹，否则如果人人都以"为你好"的名义要求你，你岂不是要对所有人言听计从？

有一家人，姐姐是父母所生，妹妹是父母领养的，一家四口过得其乐融融。一天，家里突然来了一对夫妻，原来是妹妹的亲生父母，二十多年过去了，如今想要和亲生骨肉相认。当年，因为家里已经有了一个女儿，但夫妻俩一心想要一个儿子，便将第二个女儿送了出去。这二十多年来，两家人一直生活在同一个城市，相距并不遥远，但这家人从来没有去看望过自己的孩子，近在咫尺却又远在天涯。现在妹妹长大了，他们却出现了，口口声声说日夜都在惦念着她，可在过去的二十多年里，他们却消失得无影无踪。

出乎他们意料的是，原以为会是感人的认亲，但妹妹坚决拒绝了这份迟到了多年的亲情。在她看来，养父母对她视如已出，而亲生父母却抛弃了她，所以她更希望与亲生父母永不相见，就像他们出现之前那样，各自生活，互不打扰。

妹妹拒绝相认有错吗？没有，她有选择的权利，就有拒绝的权利。对妹妹而言，其他人的想法并不重要，她只需要按照自己的想法来决定。

相认的事还没了结，过了几天，妹妹的亲生父母又来拜访了，支支吾吾地提出了一个要求，原来是家里的儿子得了病，急需一笔医药费，想让妹妹救救弟弟。说到这，妹妹恍然大悟，直接让她彻底寒了心。父母来找她相认，并非出于思念之情，只是为了家中患病的另一个孩子。对此，妹妹更加坚决地拒绝了他们的请求。

如果换作是你，你是选择一笑泯恩仇接受姗姗来迟的父母呢，还是拒绝与他们相认？无论怎样选择，都是自己的权利，接受也好，拒绝也罢，都只对自己负责，无论别人有什么样的言论，抱有什么样的期许，自己做主就好。

有一个朋友小周，报名参加了教师资格的选拔考试，报名之后买来各种学习资料，开始埋头苦学，最终以名列前茅的成绩顺利获得一个名额。本来是好事，但朋友却有些为难，因为成功之后反而不知道该如何抉择，是转行接触新的环境，还是待在原地继续轻车熟路地工作。之前只是为了尝试，并没有考虑好最后的选择，如今选择就在眼前，就犹豫起来。

周围的人给了许多建议，大部分人认为还是留在原地比较稳妥，不需要面对新的挑战。况且，进入新的行业必然要面对许多新的困难，综合来看，留在原来的单位是最明智的选择。在别人的劝阻中，小周的决心慢慢动摇，别人的担心成了她的担心，而她之前所渴望的新环境也被说成是莫大的挑战，最终，她决定继续留在原来的单位，继续熟悉的生活。

小周放弃了新的挑战，也就放弃了新的机遇，而且每当她工作少有不顺心的时候，就会后悔当初自己不该听别人的意见，甚至埋怨其他人不该反对她的选择，闹得有些不愉快，而朋友、同事通过这件事，都认为小周没有主见。

鸡毛蒜皮的小事，你尚且需要学会拒绝，遇到重要的事，更需要自己做主，不受任何人的左右。谨记三点原则：1. 有明确的计划，就不要受别人影响；2. 对别人的建议有疑虑，就要坚决拒绝；3. 大事小情，学会自己做主。

重要的事，自己做主，不给自己留遗憾，结果是好是坏坦然接受。

③ 别把懦弱当作善良

　　懦弱和善良是两回事，你自以为不拒绝别人就是善良，其实不过是懦弱的一种表现。对此，或许有些人会表示不服气，善良怎么能和懦弱混为一谈呢？确实，懦弱不能当作善良，同时，真正的善良也需要有锋芒。

　　在熟人那里买了一箱水果，回家打开一看，有一部分是烂掉的。你是拿回去退掉，还是不言不语留下来？有些人会觉得做生意不容易，对方也不是故意的，没必要为这点小事再麻烦人家。听起来是处处为别人着想，宁愿自己吃亏，自己消化负能量，也要顾及对方。

　　选择善良没有错，错的是无条件、无原则地忍让。一个人若是连自己的合法权益都保证不了，他的善良就变得可笑而且廉价了。不要将伪善、懦弱当作善良，即便是善良，也要有点锋芒，被人欺负的善良，宁可不要。

善良的前提是具备基本的是非观和善恶观，能够明辨是非，区分善恶，才能有真正值得推崇的善良。古语有云："穷则独善其身，达则兼济天下"，这就是善的一种境界，也是一个人的信仰。"人善被人欺，马善被人骑"，则是生活的真实写照。善良若是没有是非观、善恶观保驾护航，极其容易被人利用、践踏。

上班族的主要交通工具就是地铁，尤其是早高峰的时候，在地铁里基本是被人潮拥着向前走，用"摩肩接踵"来形容尤为贴切。在等待地铁进站的时候，几乎每天都要排起长队，很多时候排在后面的人只能等待下一趟地铁，为了不迟到，谁都想着尽早上车。偏偏有些人不遵守排队的秩序，经常悄悄溜到队伍的前面，稍微好一点的会和其他人打个招呼，声称自己有急事，不得不加塞。

面对这种情况，多数人即便心中有怨言，也是敢怒不敢言，眼睁睁看着自己越排越靠后，依旧选择忍让。大家的心理活动基本上是一样的，作为一个善良的人，还是让一下吧。其实很多时候，就有许多人是利用了这一点，你不给我让，你就不善良，你就是没人情味儿。如果不让的话，就真的错了吗？排队等候是基本的常识，也是每个人都应遵守的规则，按照道理来说，依次上车是对每个人的要求。地铁有早高峰和晚高峰，这是早就知道的事实，有急事可以提前出门，不能让别人为自己的失误买单。

别人插队，你生不生气？生气，但又不想和对方计较，想着要与人为善。但是，这不是善良，这是懦弱。正确做法是和他理论一番，如果他真能说出可以说服你的理由，那你要做的不是默认他可以插队，而是

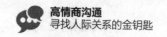
让他站在你的位置上，自己去队伍最后面重新排队，这也是对其他人的尊重。

还有一种人，喜欢借钱不还，借的不多，几十几百而已，说好了是借，但就是不还。想一下自己的周围，是不是有这种人存在。正常来讲，既然说了是借，哪怕是一元钱也是要还的，要么就不要说是借。朋友网上购物差点钱，你好心借给了他，然后过了些时日，他却假装忘了这件事。碍于情面，你不好意开口催他，但又惦记着这笔钱，只好盼着他主动还钱，这一等就没有了期限。最后，你是不是只好认栽？你安慰自己，朋友一场，就算了吧。你这不是善良，是没原则的忍让。

欠债还钱是天经地义的事，实在找不出可以不还钱的理由。你完全可以主动提及此事，或直接或间接地问一下。催债这件事不丢人，欠债不还才丢人，这一点你要牢记。许多人过不去面子这道坎儿，觉得自己开口显得小气，也怕对方这么想。但是你换个角度想一下，这钱本来就是你的，你不过是把属于自己的东西要回来，怎么会是小气呢？如果对方觉得你小气，那是他有问题，你要做的就是以后拒绝再借钱给这位朋友。

真正的善良不是无条件地有求必应，也不是无原则地迁就，要适度得当，要顾全自己。你选择做一个善良的人，这当然值得鼓励称赞，同时，你要学会为自己的善良保驾护航。你要让别人知道，你很善良，但也有条件。尊重是相互的，善良也是如此，单方面的善良就是懦弱和纵容。善良，有时候是弱者给自己找的借口。

普林斯顿大学的校友、亚马逊CEO杰夫·贝索斯说："善良比聪明更难，选择比天赋更重要。"可见，做一个聪明的善良人，更是难上加难。1946年，胡适在北大开学典礼上送给同学们八个字："善未易明，理未易察。"这句话出自与朱子同时的哲学家、文学家吕祖谦，说的就是明理的善良很难，有时候自以为善良，事实却或许正好相反。

想要避免虚假的善良，前提是能够明辨是非，其次是要学会克制爱心泛滥，能够理智地看待问题。以真心换真心只是理想状态，现实中，有太多时候是真心被践踏和利用，你揣着一颗善良的心，就容易被奸诈的小人利用，你的权益就会受到侵害。一时心软就硬着头皮答应了下来，事后想想又十分后悔，但一言既出只好兑现。

你的善良一定要有棱角、有锋芒，只有这样，才能无所畏惧地做个好人，向周遭的人传达善意。如果你只是怯于拒绝，那么你也只是善良的"受害者"，你所拥有的不再是光明磊落的善良，而是变成怯意。"你这么善良，肯定会帮我的"，"你是个善良的人，一定不会见死不救"，"你心肠这么好，绝对不会拒绝我的请求"……作为善良的人，不曾亏欠别人，凭什么只能接受不能拒绝？能说出这样一番话的人，准确无误地抓住了善良之人的弱点。

你的善良没有底线，别人就可能没有原则，得寸进尺地要求你，这对你而言绝对是灾难。你的善良若是没有点脾气，就会助长别人的"恶"。别懦弱，遵从自己的本愿来决定，别怕拒绝。

④ 不靠附和赢得存在感

生而为人需要认可，这是普遍的共识。只是，获得认可的方式却千差万别，比如有的人凭借出色的工作能力，在职场风生水起；有的人依靠出众的才华，吸引一大批欣赏者；有的人则是选择通过附和来确立自己在别人心中的存在感。这是一种可悲的方式，然而许多人却乐此不疲，甚至在附和中迷失了自我。

附和别人能得到的或许是好人缘，是别人对你为人随和的评价，但失去的则是自己的本心。通过附和、取悦获得的存在感是虚假的，是不牢靠的，当你不再附和，你所积攒下的好感也就不复存在。况且，这种以牺牲自我为代价的存在感，并不值得提倡。

不要当"滥好人"，当一个独立的个体为了获得周遭的认可而一再违背本心时，他也就不再独立，而是成为其他人的附庸，依附于其他人而存在。

时常附和别人的人有几个特征，你可以对照一下自己。

换位思考过度，完全将自己的主张置之不理，将自己的附和美其名曰"换位思考"，无论自己的计划与别人多么南辕北辙，只要对方提出建议，便可以立刻放弃自己的想法。一个常见的情景：朋友聚会的时候，朋友提议吃烤肉，你附和了吃烤肉，哪怕你十分想吃日料。

同情心严重泛滥。对别人的痛苦过于感同身受，不帮忙难受。选择善良没有错，但是没有原则的善良就是对自己的伤害。作为成年人还是要收拾好自己的同情心，量力而行。有的人就喜欢"我弱我有理"，当你面对这类人的时候完全招架不住，因为你就是愿意牺牲自己成全他们，不由自主地去附和，同时也就忘了自己原来的打算。

没有自我界限。甘于附和别人的人，本质上就没有认可自己，没有把自己看得很重要。一个连自己都不重视的人，怎么会赢得其他人的重视。想要赢得认可，首先要认可自己，重视自己的想法，坚持自己的主张。随便附和，只会让自己人云亦云，时间久了便会迷失自我。

有一颗玻璃心。自卑感越强的人，越是不敢拒绝别人，担心会被别人看不起，从而被好不容易跻身其中的圈子抛弃。想要和什么样的人成为朋友，如愿的方法不是放低身段去迎合、去取悦，相反，是活出自己的模样，当你活得自在又洒脱，自然会吸引同样的人。

有一个刚刚成为人妻的姑娘，在出嫁前，她的母亲嘱咐她，嫁过去要多顺从，多说"是"，少说自己的主张，这样才能讨别人的欢心，自己的日子才会好过。出嫁之后，姑娘时刻谨记母亲的教诲，大事小情都

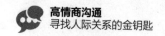

点头称是，从来没有拒绝过婆家的要求。起初，确实深得丈夫的喜爱，婆婆也经常向外人称赞自己的儿媳妇听话又懂事。久而久之，姑娘树立起言听计从的形象，无论丈夫和婆婆有什么样的决定，她都双手赞同。

如此听话真的好吗？事实证明，太过温顺只会被看轻。因为她太听话，太没主见，家里的大事小情都没有话语权。小到一日三餐，大到买房买车生儿育女，她完全是被动接受的地位。一家人的计划和安排，也很少与她商量或是征求她的意见，因为知道即便询问她的意见，也会得到"都可以"的回答。一次，丈夫擅自做主将姑娘陪嫁的金手镯送给了自己的妹妹，姑娘知道后有些生气，要求丈夫将手镯要回来，这是她母亲给她的新婚礼物，不能随便送人。对此，丈夫不仅没有意识到自己的错误，反而责怪自己的妻子乱发脾气。

对于丈夫而言，妻子向来温顺，将手镯送出去的时候，他也没有考虑妻子的感受。对于妻子来说，一直以来她都不懂拒绝，只会一味顺从附和，在丈夫眼中，他完全可以代替她来做决定，反正凡事与她商量都不会被拒绝。

《朱子语类》卷二十七："正如矮人看戏一般，见前面人笑，他也笑，他虽眼不曾见，想必是好笑，便随他笑。"其中的矮子就是不明所以只会附和，这也是许多人的真实写照，自己的看法并不重要，重要的是大家都这样想，他便也跟着这样想。复制了别人的想法，也就表示与别人达成一致，仿佛只有这样才能获得别人的认同，从而融入这个集体。一味附和只会降低自己的价值，也会削弱自己的存在感。试问，我们是喜欢一个凡事没有主见的人，还是喜欢一个独立有个性的人？事实上往往越是顺从，越是得不到关注。

我们到底要成为什么样的人？或者到底什么样的人才值得推崇？无论是哪一个问题，答案必然不会是一个只懂得附和的人。作为独立的个人，就是要有独立的头脑，看待问题有自己的角度，也有自己的主张，绝不是别人说一就是一，说对就是对。

会讨人喜欢是高情商的一种表现，但是只懂得依靠附和来赢得好感，就是得不偿失了。学会独立思考，学会表达观点，尤其是当自己与别人的想法并不相同时，能够有勇气去表达，而不是陪着笑脸迎合，别人说怎样就怎样，完全没有为自己争取。

无论是生活还是工作，希望得到认可是人之常情，也是一种积极向上的态度。不过，有些人害怕不被认可，所以在意见相左的时候，选择放弃自己的观点转而支持别人，甚至是支持原本持相反意见的观点。这就是立场不坚定，不敢勇于表达自己，反而选择默默接受。

心理学家科胡特说："如何拒绝你？没有敌意的坚决。"这其中包含两点重要信息，"没有敌意"和"坚决"。

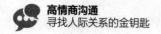
⑤ 真正的朋友，可以说"不"

真正的朋友，一定不会因为某次拒绝而有所改变。你可以坦诚地说"不"，毫无负担地表达自己的态度，朋友则可以心平气和地接受你的拒绝。

朋友之间，尊重和关照是相互的。你可以心甘情愿地为他两肋插刀，这是朋友之间的情谊，同时，你也可以对他说"不"，你可以有自己的苦衷和无奈，可以有自己的主张和选择，如果他不能接受，自私的人不是你，而是他。

许多人越是面对朋友，越是开口艰难，心中有种种顾虑，最终不得不选择顺从。其实换个角度来看待这件事，就会发现对朋友开口说"不"并没有那么难，朋友会理解你的难处，不会因为你的一次拒绝而疏远你，相反，他会对自己向你提出了不合时宜的请求而感到抱歉。那些你所担心的事，其实并不会发生。如果朋友因此而冷落你，那么你该庆幸，通过一次拒绝看清了一个人的面目。

张先生是生意人，在城里有两套房子，老家的朋友来城里打工舍不得租房子，便借住在张先生家。张先生不好意思拒绝，便把其中一套闲置的房子借给了朋友。妻子本来想多少收一些房租，毕竟在市面上把房子租出去也有不少收入。但张先生碍于情面，不好意思开口，妻子了解丈夫的性格，也就没再多问。后来，因为生意上资金周转出了问题，不得不考虑卖掉一套房子。当张先生和朋友提及此事时，却落了一顿埋怨，骂他没良心，迟迟不肯搬走。最后，张先生实在找不到第二条出路，只好和朋友挑明事情的重要性，结果和朋友不欢而散。

拒绝朋友的请求，并不代表不讲情义，他们的请求是否合理，你是否愿意接受，这都是考量的关键，而不是你作为朋友就理应无条件接受。违背自己心愿地答应下来，接下来所要承受的伤害，远比你所想象的要多。牺牲自己的时间，消耗自己的精力，只为了费力维持这段被你看得很重要的友谊。你要问一下自己，值得吗？

真正坚不可摧的友谊，并不需要以牺牲自己为代价，去捍卫两个人的感情。真正的友情必然是互相扶持、互相关照，有来有往，而且你情我愿，没有被迫和勉强。当一份友谊需要依靠讨好对方来维持时，就已经临近终点了。所以，清醒一点，经常让你为难的朋友，真的不值得为他为难自己。

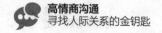
　　阿杏有一个好朋友美娇，家庭条件有些困难，但毕竟是女孩子，爱穿衣打扮，自己没有经济实力，便经常向阿杏借东西，如口红、衣服、香水等。起初，阿杏认为好朋友之间就是要彼此分享，但这些年来，即便是美娇参加工作、经济独立的时候，仍然改不掉向阿杏借东西的习惯，而且往往有借无还。有一次，美娇看见阿杏新买了一款口红，便又要借走用用，这一次，阿杏拒绝了她，并对她说："这个口红是朋友送给我的生日礼物，我就不借给你了，如果你喜欢，我可以再重新买一个送你，好不好。"

　　对于阿杏的拒绝，美娇表示理解，她说："既然是礼物，我当然不能随便用了。平时总用你的东西，前不久我刚刚发了奖金，所以也给你买了几款口红，我想你肯定喜欢。"说着，便从书包里拿出来一个包装精美的礼盒，里面放着她精挑细选的口红。

　　阿杏着实感动，美娇平常虽然嘴上不说，原来心里都记着。更让她感动的是，美娇没有因为她的拒绝而生气，反而能够理解并支持她。习惯向你寻求帮助的朋友很多，但一定要珍惜那些尊重并理解你的人。

　　忙忙碌碌的人生中，你大可以将能否听从自己的心意说"不"，作为评判友谊是否值得用心维护的依据。一个要求你百依百顺的朋友，久而久之必然成为你的负担，与其在某一个时刻爆发，不如从开始就学会拒绝，让这段关系向着良好的方向发展。

⑥ 没必要让所有人都满意

　　为自己活着，就没必要让所有人都满意，更不必对所有人负责。别人的麻烦要由他自己来解决，而不是让你扮演救世主的角色，即便你有心，怕是也无力。生而为人，先让自己满意，再谈让别人满意，自己满腹牢骚，别人再满意又如何呢？

　　现实生活中，每个人都拥有错综复杂的人际交往，有多重身份，也就有多种相处模式。当你试图努力让与己有关的所有人都满意的时候，就意味着给自己无形之中设置了一道枷锁，足以困住你，有时会获得成就感，但更多的时候则是压迫感和挫败感。

　　面对父母，不敢辜负他们的期望，时刻要与"别人家的孩子"相比。学生时代，是在成绩上较量，望子成龙几乎是所有父母的殷切期待；进入社会，又要比较工作、收入，到了一定年岁还要被催促着恋

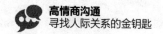
爱、结婚、生子。为了让父母满意，不停在改变着自己，选择他们满意的专业、学校，选择他们认可的工作，选择他们喜欢的另一半……有太多时候，选择的出发点是为了让他们满意，而不是让我们自己满意。

面对恋人，不敢表达自己的想法，担心对方会不满意。对方所要求的一切，无论合理与否，都要强撑着去完成，只是为了让对方能够满意，只为了证明你卑微的爱。为了讨好对方，你可以放弃自己的选择，放弃自己的事业，甚至放弃自己的原则，直到最后失去了爱情，仍在反思是不是自己做得还不够好，是不是自己没有让对方满意。这不是爱情，而是一个人对另一个人的讨好。

面对同事，不敢得罪他们，不敢有任何不合群的表现。有人叫你帮忙拿快递，你笑着点头；有人叫你帮忙打印文件，你赶忙放下手头的工作去帮忙；有人叫你帮忙完成他的工作，哪怕需要加班，你也只是无奈地接受……你为大家鞍前马后，不敢有半点不耐烦，更不敢直接拒绝。你怕被孤立，担心无法让大家满意，却从来没有真正审视自己的处境。你考虑所有人的感受，唯独忘了自己。

为了让别人满意，你隐藏了自己最真实的想法，一切以别人的感受为先，自以为是一种妥帖的人际交往能力，殊不知是用愚蠢的方式换取别人的认可，从而达到自己心理上的安慰。毕淑敏说："拒绝是一种权利，就像生存是一种权利。"拒绝是你的权利，不该将它视作洪水猛兽，不要觉得当你拒绝别人的时候，你就是十恶不赦，这是狭隘的看法。

有个朋友最近被一件烦心事困扰，追根溯源，还是因为不懂拒绝所造成的麻烦。年底正是他疯狂加班的时候，恰恰在此时，一位亲戚打来电话，说是要让他帮忙。原来，这位亲戚过几天要去国外参加学术交流会，去之前需要准备一篇全英文的学术论文，想到他大学主修英语，便希望他能帮忙翻译一下。朋友工作这些年，工作与自己的专业并不对口，接触英语的机会很少，翻译一篇专业的英文论文还是有很大困难的。但是，为了让这位亲戚能够满意，便硬着头皮答应下来。

接下来就到了他痛苦的时候。论文中的专业词汇，需要反复找资料确认，白天工作繁忙，有时会加班到很晚，到家后还要继续翻译论文，对他的脑力和体力都是不小的考验。连续奋战几天，终于勉强有了成品，虽然自知质量不高，但也算是他的最高水平了。后来，这位亲戚不但没有感谢他，反而有些不开心，认为他没有认真帮忙，翻译出来的东西完全是敷衍了事。

朋友的一番努力，没能换来亲戚的赞赏，反而是他最不愿意看到的结果，这让他有苦说不出，感觉自己十分冤枉，后悔没有在第一时间拒绝对方，接下了超出自己能力范围的事情，从而导致自己陷入被动。

为什么不拒绝？为什么就要因为别人的感受而牺牲掉自己？放下"让所有人都满意"的执念，先关注自己最真实的感受，学会表达，学会沟通，学会拒绝，安抚好自己的情绪，经营好自己的事情，再去为别人牺牲。

会说话，让拒绝不尴尬

CHAPTER 03

① 别让直截了当伤了人

我们不敢拒绝，是担心招惹不必要的麻烦，害怕因为拒绝而影响人际关系。归根结底，是我们不懂拒绝的说话技巧，以至于常常因为拒绝而得罪他人。

一个心直口快的人，往往容易在不知不觉间得罪周围的人。性子直来直去，说话不会拐弯，一副大义凛然的样子。一方面，这类人性格直爽，凡事不藏着掖着，说话痛快，是一种魅力；另一方面，说话太直接，也容易招致不必要的麻烦，尤其是在拒绝别人的时候，太直截了当也容易伤人。

生活中，这类人并不少见，本心并不坏，甚至热情善良，只不过是说话不讲究方式方法，想怎么说就怎么说，拒绝起来也是毫不含糊，难免让对方心存不满。

不懂拒绝技巧的几个主要表现。

表现一：太直接，开口就是拒绝

设想一下，你准备拜托同事帮个小忙，话音未落，同事赶忙说："没空，帮不了。"原本你满怀期待，结果被他这一盆冷水浇下来，只好失落地走开，没准还会觉得他不近人情。下次，等他需要你帮忙的时候，你还会心甘情愿地付出自己的时间吗？交往是相互的，所以当你拒绝别人的时候，不要如此直接，因为你的直接就有可能得罪人。

表现二：太强硬，没有缓和的余地

李嫂就是个心直口快的人，向来都是心里怎么想就怎么说。一次，社区服务工作者找到李嫂，邀请她参加社区举办的知识讲座，目的就是宣传一些健康知识，避免老年人听信没有科学依据的小常识。李嫂强势地说道："我又不是三岁小孩子，我肯定不去，家里还有事呢。"这样一番话实在够强硬，以后再有活动，相信社区工作者也不会再来邀请李嫂参加了。

讲究拒绝的技巧，用高情商的方式来拒绝。所谓沟通技巧，就是说合适的话，让彼此的沟通更顺畅，让彼此的关系更融洽。拒绝的技巧也是如此，让你的拒绝表达到位的同时，还能避免产生矛盾。

著名作家钱钟书先生在说话方面可谓高手。一次，一位对他仰慕许久的英国女士希望能够与他见上一面，他说："假如吃了鸡蛋已觉得不错，何必还要认识那下蛋的母鸡呢？"面对自己的仰慕者，直接拒绝未免有些伤人，用幽默的语言回绝，更易于对方接受。

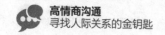

每个人都是独立的个体，性格迥异，思考问题的方式也不尽相同。当你提出拒绝的时候，如果不能用对方式，说对话，那就很有可能使对方产生负面情绪。

之所以会无意识地说些伤人的话，在于他们将自己的认知错当作所有人的认知。通俗来讲，就是他们认为如此拒绝并不过分，也认为其他人也是这么想的。举个例子，同事客气地说，想借电脑一用，你直接来一句"不借，我还要用呢"。拒绝得干脆利落，但给人一种强势的感觉，很不友好。如果你换个方式，委婉一些，也同样能拒绝，却不会让同事觉得你不近人情。

或许有些人会觉得委屈，为什么拒绝别人就要被讨厌呢？其实，问题的关键不在于拒绝。人人有拒绝的权利，你不愿意接受对方的请求，拒绝他是理所应当的。但是，毕竟是成人社会，考虑到人际交往，拒绝就需要方式和技巧。这并不是在委屈自己，恰恰相反，这绝对是在为自己着想。

在拒绝的时候，考虑对方的感受是非常重要的一点。之所以要学习拒绝的沟通技巧，也是为了在顾及对方感受的前提下，得体拒绝。

首先，你要明确一点，你觉得无所谓的事情，在其他人眼中或许就是一件严肃又认真的事情。所以，不要只以自己的视角去看待事情。何况，往往"说者无意，听者有心"，不要因为自己的口无遮拦让别人难堪。

其次，拒绝时的语气和态度也是考验情商的因素。凡事和气为主，但不是说对所有人所有事都要客气，只不过一般来讲，温和的语气和态度是首选。至于欺人太甚的情况，就强硬拒绝，对于得寸进尺的人无需遵从这一点。

　　说话无所顾忌的人，习惯了有话直说，也就不会考虑说出来的话会不会有负面影响。真正懂得人情世故的人，绝不会口无遮拦，他们对自己的言行都抱着谨慎的态度，什么该说，什么不该说，分得很清楚。这是一种高情商的表现，也体现出一个人的修养。

　　心直口快不是错，但是在这个讲究人际关系的社会中，话说不好就容易得罪人，无意间给自己挖坑，这是不可取的。拒绝也是一种沟通方式，会说话是一项重要的能力，让拒绝有力度又不招致对方反感，这就需要在说话前先思考，考虑对方的感受，用对方易于接受的方式去拒绝。

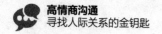

② 拖泥带水惹人厌

拒绝别人的方式有很多，目的也很明确，为了在不得罪人的情况下达到拒绝的目的。无论哪一种方式方法，都要明确一点，拒绝要趁早，不要拖泥带水。

有人向你推销健身会员卡，你扭扭捏捏不好意思拒绝，在对方热情的攻势下，你留下了自己的姓名和电话号码，随后就会收到接连不断的短信和电话，你觉得生活被打扰，后悔当初没有拒绝。对你来说，没有拒绝的后果是带来了烦恼，对推销员来说，则是付出精力后，仍旧是一场空。与其让他在你的身上浪费时间，不如当初就拒绝，彼此也就都没有损失。

干脆利落地拒绝，利人利己。不给自己徒添烦恼，也不让对方怀揣希望又以幻灭结束。所谓"干脆利落"，是坚定自己的选择，用合适恰当的方式明确自己的态度。

求人办事最怕的不是对方拒绝，而是对方看似答应又不答应，没有准信。比较常见的，比如"行，我考虑一下"，结果等了许久之后仍得不到答复。拒绝讲究方式方法，归根到底是为了真正达到拒绝的目的，拒绝就该有拒绝的姿态，不能模棱两可。

拒绝不彻底，就相当于给自己挖坑。多少人因为不敢直接拒绝而勉强答应，随后到了关键时刻又找出一堆理由拒绝，这样做无疑是在败坏自己的人品，也在考验别人对你的耐性和容忍度。自以为情商高，殊不知只是自欺欺人，既然不愿意，就不要答应，既然答应，就不要随便失约，这是成年人理应遵守的原则。巧妙拒绝的套路很多，但是先答应后反悔或者犹犹豫豫态度不明，都是不值得提倡的方法。为了避免一时的尴尬，到最后却以不欢而散收场，有太多这样的例子。

朋友受邀参加一个聚会，时间定在周日，但他不想参加，便说周日有事。对方也是诚心邀请他，便问周六如何，他怕再拒绝会让对方不快，便没有直接拒绝，也没说肯定参加。结果，到了周六朋友打来电话问他出发了吗，可这时的他正陪着家人看电影，自然没法参加。对方得知后，明显不悦，为了迁就他，其他人也临时改了时间，现在却说不来了。此后，对方很少再约他参加聚会了，本来亲近的朋友因此变得疏远。

比起被直接拒绝，这种事先说好事后反悔的做法更令人厌恶。

不要给别人无谓的希望，当对方的请求说出口，你就应该有了明确

的态度，到底是真诚地拒绝，还是欢喜地接受，这都是你应该在第一时间做出的选择。一次简单地拒绝而已，不需要你瞻前顾后，拖得时间越长，反而越容易往不利的局面发展。尤其是当你犹犹豫豫答应下来，最后又反悔的时候，这比直接拒绝更有损个人形象。

每个人都有自己的长处和短处，有可为和不可为，可以做到就尽己所能，不可以做到就坦诚相告，第一时间说明情况，可以大大节省两个人的时间成本。当别人向你提出请求时，就已经将选择权交给了你，如果你能够及时拒绝，那么就将选择权还给了他，他可以重新向其他人提出请求，可以不耽误任何人。但是，如果你没能在第一时间拒绝对方，就意味着你在耗费对方的时间。

不要总觉得你的拒绝会有多么伤人，好像自己一旦拒绝别人，别人就会走投无路，就会和你反目成仇。其实，这种想法大错特错，有时候让对方无路可走的并不是你的拒绝，而是你的拖泥带水。

小吴在报社当编辑，主要工作是审核稿件，他有一个习惯，凡是被标注为不合格的稿件，一定会在第一时间告知作者，并且会点明具体的原因。有些同事觉得他没有人情味，说拒绝就拒绝，会让作者有挫败感。他讲了一个自己的故事，说明了他的良苦用心。在他还在读大学的时候，经常为院报撰稿，有时候将稿子发出去一天后，便会询问编辑是否可以，编辑都会在第一时间告诉他可以或者不可以，被拒绝当然会觉得失落，但编辑的一番话点醒了他，"如果我一直告诉你可以，最后却不用你的稿子，你肯定更失望。之所以会在第一时间拒绝你的稿子，是为了让你有时间重新整理。"

　　这段经历让他受益匪浅，能够及时得到拒绝也成为一种幸运。他庆幸自己遇到了这样一位敢于拒绝的编辑，让他不用抱有虚幻的希望，而是给了他重新出发的机会。所以，当他成为一名编辑后，一直践行"第一时间拒绝"的原则。

　　别拖泥带水，做到两点即可：第一，及时拒绝，不拖不等；第二，说明恰当的理由，尽量不说谎话，不找借口。拒绝是你的权利，但凡是你不愿意接受的，都可以名正言顺地拒绝。

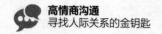
❸ "是的，但是"，巧用转折

说话办事顾及别人的感受是一种修养，直接拒绝难免会让对方下不来台，所以在拒绝的方式上，可以采用转折法，先说"是的"，再说"但是"，也就是先肯定再否定，给对方一个缓冲。

"是的，但是"，当这两个词同时出现，并且连在一起的时候，重点往往跟在"但是"的后面，这基本上属于常识了。比如老师对你提出表扬，话说得好好的，称赞你表现如何优秀，成绩如何突出的时候，冷不丁一个"但是"，说你有一个缺点就是经常粗心马虎，导致成绩忽高忽低，让你加以注意。如此一来，落脚点还是落在粗心马虎上，前面所有的表扬也就变得黯然失色了。

别人常用"是的，但是"来给你提意见，同样，你也可以用"是的，但是"来拒绝接受对方的意见。遇到别人提意见的时候，贸然拒绝必然会留下不好的印象，所以巧用转折的方法拒绝就非常有必要了。常说要虚心接受建议和批评，但也要学会拒绝，这不是与大众唱反调，而是为了更理性地成长。

别人的建议未必要全盘接受才是对的，毕竟人们看待事物的角度有所不同，有时也会因为不同的立场而有失偏颇，所以别人的建议也要选择性接受。而人们又时常认为自己的观点是正确的，你不接受就是心胸狭隘，没有自知之明，这就让人不知不觉有了枷锁，想拒绝都难以拒绝，只好乖乖地接受，让自己符合别人的标准。

有些人在拒绝别人的意见时，往往会表现出不耐烦的态度，对方还没说完，可能就被打断了。或者，一副爱答不理的样子，这种不礼貌的拒绝方式绝对不值得提倡。真正的睿智，不是全部接受，而是能够在分辨是非之后，接受真正适合自己的意见。

除了礼貌且有效地拒绝别人的意见，"是的，但是"同样适用于其他生活场景，而且屡试不爽。

不好意思直接拒绝对方的追求，担心伤害对方的自尊心，也担心拒绝之后无法再做朋友，比较实用的拒绝话术就是"你是一个好人，但是……"，一张"好人卡"，一个"但是"，就可以没有后顾之忧地拒绝对方。想要礼貌地拒绝对方的建议，要先肯定再拒绝，"你的建议很中肯，我非常认同，但是……"，对方即便被拒绝，也不会对你留下坏印象。

转折法的原则，一定是先肯定，后拒绝。

小陈善于独自完成工作，不喜欢与其他人商量讨论，更不喜欢分工协作，在他看来，一个人的战斗力更强，省去了诸多商量的时间，也不会因为其中某些人的低能而影响他的进度。对此，他的领导又爱又恨，有喜有忧。一次，领导找到他，语重心长地说道："现在是团队合作的时代，单打独斗是很难有长远发展的，我知道你的工作能力很强，但适当的团队合作对你有益无害。"小陈认真听完领导的意见，想了一会儿，对领导说："您说的很对，团队合作的确有许多益处，这一点我表示赞同，但是，对我个人来说，我善于独立工作，不参与团队协作效率反而更高，希望您能理解。"

小陈的拒绝有理有据，没有急着反驳，而是先认可了领导的意见，随后又阐述了自己的想法。如此一来，即便是拒绝领导的意见，也能让沟通处在平和顺畅的状态。

有两点值得注意：1. 表示认同要具体。用"是的，但是"来拒绝，"是的"虽然只是开头，但为了后面的"但是"更易于被人接受，就需要做些铺垫，所以要重视"是的"。2. 表示拒绝要有理由。高情商的拒绝不是一个简单的"不"字可以办到的，要有铺垫，也要有后续。

巧用转折，让"是的"去承接，用"但是"去拒绝。巧妙应用，就是要让"是的"和"但是"完美衔接，这样才不会让拒绝显得突兀，而是顺理成章、自然而然。

④ 温柔拒绝，降低杀伤力

想要让拒绝的"杀伤力"降到最低，首先最重要的不是如何说，而是拒绝的态度、说话的语气以及表情。诚恳的态度会赢得对方的体谅，温和的口吻会让对方更易接受。有些时候，也不妨试一试善意的谎言。

换位思考一下，你着急用钱，不得不四处求人，找到自己的朋友，他一脸厌烦，没好气地对你说："我都要喝西北风了，哪有多余的钱借给你。"如果你遇到这样的朋友，是不是会火冒三丈？且不说他的一番话是不是有问题，单凭他的态度和语气，也打算和他绝交了。但是，他如果能够态度诚恳，语气温和地对你说："兄弟，我也要喝西北风了，真的没有多余的钱借给你，请你见谅。"你又是什么样的心情？哪怕他拒绝借钱给你，但你能够理解他的难处，当有一天你度过了困境，而他向你开口借钱的时候，你也不会因为当初他的拒绝而拒绝他。

可以拒绝，但别让你的拒绝成为对方心中的一根刺。同事之间互帮互助是常态，但有时候也存在不方便帮忙的时候，这时要怎么得体地拒绝呢？关键是你的态度，既能拒绝对方，又能不影响同事间的感情。

举一个反面的例子，小林和小马是同事，小林的工作能力要稍强于小马，小马平常也没少找小林帮忙，小林则是尽己所能，能帮则帮。一次，小林工作上遇到了一个难题，便过来虚心请教小马。谁知，小马得意洋洋地说："哎呦，想不到还有你解决不了的问题，你都无能为力，我更做不到了。"不愿意或是无能为力都可以理解，但奚落人就过分了，用这种方式拒绝，不仅有损自己的形象，更是容易引发彼此的矛盾。

心理学家盖伊·温奇说："人在被拒绝后，智商会下降很多。"这说明人在被拒绝之后，在心理上确实会产生消极的影响，会感到失落，有极强的挫败感，甚至有些人会因为被拒绝而疑神疑鬼，对自我充满怀疑。因此，在拒绝别人的时候，态度尤为重要。温和的态度和言语能够最大程度上缓和对方的情绪，在照顾对方感受的同时，体现你为人处世的修养。

汪国真曾说："拒绝别人一定要委婉，因为没人喜欢被拒绝。你的温柔，是对对方的安抚，也是给对方一个台阶。"拒绝的方式选择，决定了拒绝的效果，最终对方是接受还是不接受，是愉悦地接受还是生气地接受，就要看你拒绝的能力了。

人人痛恨谎言，痛恨欺骗，但善意的谎言却又是生活中必不可少的交谈技巧。善意的谎言与谎言的区别，就在于前者毫无敌意，完全是出于一种善意，这也是温柔拒绝的一种。

用善意的谎言来拒绝对方，不是居心叵测的欺骗，相反，用这样的方式来拒绝对方的请求，有时更为合适。用善意的谎言来拒绝对方，强调的是善意，因为有了这个前提，有温度的拒绝才成立。

在人们心中，拒绝就意味着对立，往往与消极的情绪联系在一起。其实，有些情况下的拒绝未必就是冷漠的表现，用善意的谎言来拒绝，反而让拒绝多了些许人情味。

雨果和巴尔扎克是享誉世界的文学巨匠，也是交往密切的好朋友。一次，巴尔扎克前去拜访雨果，来到雨果的住所后，看到如此富丽堂皇的装饰，便颇有兴趣地参观了一番。在雨果书房的时候，巴尔扎克不经意间打碎了一个笔筒，知道这是雨果钟爱的笔筒，满心愧疚，连忙道歉。对此，雨果没有表示出任何不快，反而笑着对巴尔扎克说："不必内疚，我前阵子刚刚知道，这就是一个赝品而已，我一直以来都被它骗了，正打算扔了它呢。"雨果的一番话，让巴尔扎克心里轻松许多。

实际上，这只是雨果的一个善意的谎言。这个笔筒并非他所说的赝品，而是一件价值连城的真品。为了不让巴尔扎克有负罪感，拒绝老朋友的赔偿，他只是撒了个小谎。在巴尔扎克走后，他将笔筒的碎片收拾好，小心翼翼地珍藏了起来。如此一来，不但拒绝了巴尔扎克的赔偿，又缓解了他的内疚感。

大文豪之间可以如此机智，寻常百姓也有这样的体贴。

　　李奶奶是一位七十岁的独居老人，丈夫已经去世，唯一一个女儿远嫁国外，一年难得回来一次，虽然提议要接李奶奶一同去国外定居，但都被她拒绝了，担心自己给女儿添麻烦，所以常年一人生活。街坊邻居都是老相识，平日里没少照顾她，尤其是小林，正住在李奶奶家楼上，没少帮忙。一天，李奶奶准备邀请小林一家吃饭，但考虑到李奶奶年岁已高，做饭不方便，去饭店又要花费不少钱，小林便拒绝了李奶奶的邀请，理由是他近期都要加班，实在没有时间。

　　小林真的是要加班没有时间吗？当然不是，这只是拒绝李奶奶的借口。等过几天，小林邀请李奶奶来家里做客，既满足了李奶奶想要聚在一起吃顿饭的心愿，又不用让李奶奶操心花钱。如果用一个善意的谎言可以抚平对方的不安和焦虑，那么就值得说个小谎。

　　当然，温柔拒绝法只适用于值得你温柔以待的人，这类人必然是你的心头宝，所以你的拒绝更要顾及对方的感受。学着温柔，试着温柔，拒绝也会变得温柔起来。

⑤ 直言坏结果

俗话说"把丑话说在前面"，要"先小人后君子"，拒绝对方也是如此。直言坏结果，换句话说，就是要用最坏的结果"吓唬"对方。

求人办事，肯定是怀揣着成功解决问题的希望，正好可以针对这一点来思考拒绝的方式方法。

生活中，来自其他人的请求有很多，基本上可以分为三种情况：

第一种情况，面对积极正面的请求，所谓的"坏结果"就是与对方的期待相反，这会引发对方的担忧，有了担忧也就会认真考虑你的拒绝，如此一来，也就顺理成章地接受了你的拒绝。

小王最近有件烦心事，朋友邀请他作为特约嘉宾去参加一场座谈会，还要求他就专业领域发表演说。对小王来说，演讲向来不是他擅长

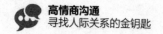

的事，况且他有自知之明，知道自己几斤几两，不敢贸然答应朋友的邀请，但朋友说机会难得，给他三天时间考虑。小王想来想去，最终还是决定拒绝这次邀请。他约朋友见面，先是表示抱歉，自己确实没有能力参加这次座谈会，实在撑不起台面，朋友的好意他是知道的，也正因如此，他更要慎重，一旦砸了场子，不但他会丢了颜面，更重要的是让别人小瞧了他们的座谈会，这就是大问题了。朋友觉得很有道理，便不再勉强小王，并期待有朝一日可以合作。

朋友之所以会邀请小王是认可他的能力，小王拒绝了对方的邀请则是出于对彼此认真负责的态度，这是对方能够感受到的诚意。尤其是针对这种积极正面的邀请，对方对结果有一定的期待，那么将坏结果直接摆在对方面前，也就能让对方知难而退。

第二种情况，面对消极负面的请求，要尽量说明最坏的结果，讲明严重性，让对方意识到他的请求是错误的。

小齐的同学拜托他代替自己去参加期末补考，虽说小齐对考试十拿九稳，但代替考试这种事是违反校规校纪的，一旦被发现，不但小齐的同学要受到处分，小齐也难逃关系。于是，小齐拒绝了对方，开始对方坚决不放弃，许诺请客吃饭，甚至要给小齐生活费，但小齐还是拒绝了他。小齐对他说："不是我不想帮你，但是你也知道，我也是突击准备考试，成绩也就在及格线徘徊，没有肯定能考过的把握，而且学校对考试违纪查得很严，如果被发现的话，我可能是记过处分，而你就要面临劝退的危险，补考并不会太难，你自己多些时间准备肯定没问题。

况且即便是没有考过，还会有第二次机会，何必要冒这么大的风险替考呢。"小齐的同学仔细考虑了一下，与其冒着"死罪"的风险，不如自己多努力一下。

第三种情况，面对中立的请求，合理即可。

小赵的妻子小琳生下孩子之后，一直在家做全职太太，等孩子上了幼儿园便开始着手找工作。小赵担心妻子会四处碰壁，便主动拜托朋友帮忙介绍工作。于是，他找到一位做贸易的朋友，他有一家公司，正好和妻子的专业对口，便打电话询问情况。朋友没有立马回复，而是约他一家吃饭。

饭桌上，朋友说道："我知道小琳业务能力不错，我们公司正在发展，也需要这样的人才。但是，除了要考虑能力，还有一点我很关心，就是我与你是好友，同时我也是一个做事严格的人，员工在工作中难免会有失误或是不够出色的地方，如果换做别人，我可以严厉地批评，但是如果是你的太太，我肯定就有所避讳。平常，我们相处都是轻松的氛围，如果她来我手下工作，势必就会有上下级之分，她也就不能像平常对待朋友那样对待我。久而久之，对我们的友谊是一种损耗。此外，其他同事早晚会知道小琳是你推荐来的，如果她表现出色，别人会觉得是有我在帮忙，如果表现很差，同事则会暗中嘲笑她，无论哪个结果对她来说都不公平。与其要面对这些潜在的不快，不如去其他公司，自由自在地展现自己。"

小赵初有不快，他认为妻子有足够的能力胜任这份工作，而且作为

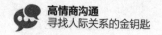
朋友，并不是办不到的事情。但是后来听朋友提出这些潜在的问题后，便认可了他的决定，只要有能力不愁找不到工作，而且他也不想破坏彼此珍贵的友谊。

其实，抛出坏结果来拒绝对方，也是给对方考虑的机会，如果他们能够认同你的担忧，也自然能够认可你的拒绝。所以，不妨试试这种方法，突出结果，让对方理性思考，坦然接受你的拒绝。

要注意的是，结果要足够"坏"，不痛不痒不足以说明问题。以坏结果来拒绝对方，就是要对方作出权衡，面对坏的结果，必然更倾向于接受你的拒绝。

第 四 章

拒绝有术，用高情商来解围

CHAPTER 04

① 委婉地拒绝

比起被拒绝，主动拒绝别人更令我们难为情。之所以不敢于拒绝，主要是怕得罪人，怕惹他人不高兴。漫漫人生路，岂能一直顺从他人、为难自己？如果心有顾虑，那么也不要怕，委婉拒绝他人，既能顾虑他人的感受，又能遵从自己的内心。

正如有些事不需要讲明，三言两语巧妙地点到为止。

一位先生爱慕一位小姐，出手阔绰，买了一条贵重的项链送给她。这位小姐微笑着说："这条项链真漂亮，前阵子我男朋友也买了一条送我，想不到你俩有一样的品味。"这位先生马上意识到，她是在委婉地拒绝他。她不但表明了自己已有男朋友，还暗示他不要再做无用功。拒绝一份感情，需要选择的勇气，也需要说话的艺术。拒绝的话说得委婉，此后相处也不会觉得尴尬。

拒绝回答某些问题时，碍于面子，不能沉默以对，又不能表现出反感，高情商的说话技巧就派上用场了。"委婉"两个字，绝不是唯唯诺诺的意思，而是带着机智。有一则幽默故事：有上酒店嫌其酒酸者，店人怒，吊之于梁。客过问其故，诉曰："小店酒极佳，此人说酸，可是该吊？"客曰："借一杯我尝之。"既尝毕，店人问："何如？"客攒眉谓店主曰："可放此人，吊了我罢。"酒到底酸不酸？确实是酸，但这个人却没有直接说出口，而是绕了一个弯，不仅表达了最真实的想法，还没有得罪店家。这就是说话要委婉的好处，尤其是在拒绝别人的时候，更是要灵活运用。

那么，委婉拒绝有哪些诀窍可以借鉴呢？

1. 分析代替拒绝

不直接说拒绝的话，而是先分析利弊，指出其中的利害关系，当对方了解到对自己不利或情况不允许的时候，自然也就不会再继续提出要求。

2. 婉拒后出谋划策

拒绝之后，如果可以，别忘了给对方提供一种解决方法，或者提供其他解决思路。

张雪在某银行担任人事处长。一天，一个许久不见的老同学来拜访她，开门见山说明来意，是想让张雪帮忙，希望能把他的儿子安排在银行工作。张雪对老同学的儿子有了详细的了解之后，确认他儿子并没有

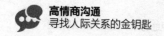

在银行任职的能力。为了避免惹怒老同学，她没有直说不行，而是说道："前阵子招聘计划刚停下来，近期应该是不会再招人了。不过你别着急，我有个朋友自己开了一家公司，正在招人呢，我给你个电话，你让儿子联系一下，准备简历去试试。"老同学表示十分感谢，虽然想进银行被拒绝了，但是因为有了新的出路，所以没有因为被拒而生气。

3. 为拒绝做好铺垫

有人托你介绍工作，你可以这样拒绝他："你的学历没有达到规定的要求，何况名额少，难度大，但我会尽力争取的。"其中，学历没有达到规定要求、名额少，已经充分展示了对方的不利条件，为拒绝对方埋下伏笔。

公司一员工找到部门经理，要求调换岗位，部门经理心知肯定没戏，不过他没有直接回绝，而是对员工说："调换岗位不是件容易的事，不是由我一个人做主，还需要其他部门以及总经理的同意。下周例会，我在会上和领导谈一下，等有消息再回复你。"

部门经理已经提前做好拒绝的铺垫，提前告知员工调换岗位并不容易，涉及到许多其他方面，不是他一个人可以决定的。如此一来，员工已经有了被拒绝的心理准备，等几天后得到否定的答复时，情绪也就不会过于激动。

4. 延后回复

为了照顾对方的颜面，可以不当面拒绝，而是说稍后再回复对方。

一家汽车公司的销售主管向一位大客户做宣讲的时候，大客户要求查看这家汽车公司的成本分析数据。销售主管十分为难，因为这些数据是不对外公布的，属于内部机密。如果他此刻拒绝对方的要求，那么这桩生意也就泡汤了，如果答应下来，又会对公司造成不良的影响。最终，他没有直接拒绝，而是说："下次有机会的话，我再带给您看一下吧。"

同时，让委婉拒绝更易于对方接受，也有几点需要注意。

1. 诚挚的歉意

拒绝的话可以委婉，但要有诚挚的歉意。

小李找到小张，想拉拢小张入伙他新投资的项目，但在小张看来，小李做事没有耐性，他已经不是第一次投资项目了，可一直以来都是半途而废，所以小张决定拒绝。他对小李说："真是不好意思，我的情况你也不是不知道，家里就那点钱，勉强够还房贷的，实在没有多余的钱进行投资。"

原本拒绝并不需要道歉，但有了如此诚恳的态度，小李也就不好再说什么。

2. 温和的态度

提出拒绝的时候，态度要温和，不要有不耐烦的语气和表情，一旦让对方感觉到你的不快，再委婉的话语也无济于事，对方在被拒绝的同时，也已经感到不快了。

阿林是朋友中少有的有钱人，朋友但凡有个急用钱的地方，都会找他帮忙。最近，阿林新开了一家工厂，也正是处处用钱的时候。平日里经常向他借钱的一个朋友又找到他借钱，阿林有些不耐烦，多啰嗦了几句，话还没说完，朋友连招呼都不打，便扭头走掉了。

拒绝的话可以说，但态度还是要温和一些，免得真的得罪人。

3. 找准时机

不要在对方着急万分的时候拒绝，等他对你讲明来龙去脉后，再委婉表态，更易于让他接受。

阿梅慌慌张张找到朋友阿华，拜托她帮忙抓紧时间写一份材料，马上就要用，阿华手头上也全是急事，实在抽不出时间帮她。阿华先是让阿梅冷静下来，问清楚了原由，又给她将了一遍材料的思路，等她心里有数之后才拒绝了她。

委婉拒绝是高情商的体现，也是很多人需要学习的。

有人想让庄子去做官，庄子并未直接拒绝，而是打了一个比方，说："你看到太庙里被当作供品的牛马吗？当它尚未被宰杀时，披着华丽的布料，吃着最好的饲料，的确风光，但一到了太庙，被宰杀成为牺牲品，再想自由自在地生活，可能吗？"庄子虽没有正面回答，但一个很贴切的比喻已经回答了：让他去做官是不可能的。这种方法就是委婉的拒绝法。

拒绝的话，难的不是说出口，而是如何表达。若是不能直接说出口，那就委婉来说。别小看语言的威力，说得好可以有助于人际交往，说得不好则直接影响自己的人缘。

❷ 从容地表达不满

　　人际交往中，难免会遇到一些强势的人，他们习惯于以自己的意愿左右他人。在他们的认知中，对于他们的要求，其他人就该服从。可惜他们错了，他们没有主宰一切的权利。面对这类人，不懂拒绝的话，吃苦的还是你自己。

　　小悦是一位刚生下宝宝的产妇，考虑到双方父母年事已高，照顾孩子又是辛苦活，不想父母跟着操劳，而且两代人之间存在许多分歧，为了避免不必要的矛盾，在生育之前，就与丈夫和婆婆商量好，会请月嫂来伺候月子，丈夫一口答应下来，婆婆虽有意见，但还是表示尊重儿媳的决定。通过朋友介绍，小悦选定了一位月嫂，并和月嫂谈妥，等小悦从医院回到家，月嫂便正式上岗。

然而，还没等小悦从医院回来，月嫂便告诉小悦，不能按照之前的约定去工作了，小悦赶忙询问原因，一问才知，原来是小悦婆婆擅自作主，取消了和月嫂的合同，准备亲自过来伺候月子。小悦试图和婆婆商量，还是请月嫂过来比较好，并表示不希望婆婆跟着受累。可婆婆一再坚持，认为月嫂毕竟是外人，不会尽心尽力照顾小悦和孩子，而且价钱过高，心疼儿子辛苦赚钱不易，不舍得花费，想尽量减少支出。

对于婆婆的说法，小悦表示理解，但是，她坚持要请月嫂。在她看来，婆婆对月嫂有误解，月嫂都是经过专业训练后才上岗的，具有更丰富的育儿经验和照顾产妇的经验，而且更加专业；同时，老公赚钱固然辛苦，但是她也有自己的收入，也在分担这个家庭的开支花销，况且以他们两个人的收入，请月嫂并不会造成多么大的负担。

对待强势的婆婆，该如何从容不迫地拒绝她呢？

1. 尊重，绝对的尊重

强势的婆婆，不论是大家还是小家，她都想掌握话语权，你想稍加反抗的话，第一点就是要表现出足够的尊重。她是长辈，是权威，她的意见要侧耳倾听，在她说话的时候，不要随意打断她，等她说完再开口。

2. 稳住，一定要稳住

你要心里有数，自己拒绝的对象不是别人，而是婆婆，不要心慌，不要自乱阵脚。说话时的语气、语调，唯唯诺诺要不得，咄咄逼人更要不得，平和地阐述你的看法，强调你的态度，让婆婆知道你确实很在意这件事。当你有条不紊地说出自己的主张时，婆婆不会轻视你，以后也不会再随意擅作主张。

3. 有理，一定要有理

既然不满意婆婆的要求，那就说出道理来，不能胡搅蛮缠。以理说服她，向她传达你拒绝的理由不是任性，而是基于理性的分析。相信多数知书达理的婆婆不会一直强硬地要求你，而是能够接受你的意见，即便被拒绝，也不会心生怨言。

婆媳之间如此，夫妻之间也是如此。两个平等独立的个体组成一个家庭，当对方提出某些你难以接受的要求时，别急着生气，从容拒绝就好。

小王和小孙是一对夫妻，育有一个儿子，一家三口其乐融融。小王有一众好友，时常聚在一起，偶尔打打麻将消遣时间。一天，丈夫小王对妻子说："周六我朋友要来家里做客，中午在家吃饭，你帮忙准备一下。"妻子小孙表示支持，答应他会准备一桌酒菜，好好招待他的朋友。当天，小孙忙前忙后，备好了酒菜。

酒足饭饱之后，有人提议在家打麻将，小王有些为难，因为他知道妻子很反感他们在家打麻将，她不喜欢太吵闹，更不喜欢烟雾缭绕，但朋友既然开了口，他总不能回绝，便和妻子商量。小孙是个大度的人，但对于朋友的提议着实不能接受，一是家中有孩子，想让孩子安安静静复习功课，二是她不喜欢吵闹和抽烟的味道。于是，她直接拒绝了丈夫，表示不希望他招待朋友在家打麻将，虽然知道他难为情，但不能容忍家里变得烟雾缭绕，这对孩子的健康没有好处。最终，小王和朋友提议，不如去棋牌室玩，能玩得更尽兴，一众朋友表示赞同，向小孙表示了感谢，便结伴去了棋牌室。

　　有人会觉得，小孙这样做着实不给丈夫面子，让他在朋友面前下不来台。这种想法真是大错特错，作为丈夫，难道这点小事都处理不好吗？你不拒绝，就要忍受，与其事后发火，不如当下直接拒绝。

　　每个人都是独立的，有自己的思想主张，对于他人强加的安排，你要学会说"不"，尤其是关乎到个人情感或体验的事，将不满从容地表达出来。

③ 该强势绝不说软话

　　为了表面上的和气而不断退让，以委屈自己换取他人的满意，这并不值得提倡。学不会拒绝，永远只能被动地接受。所以，该强势拒绝，就不要说软话，不要给对方得寸进尺的机会。

　　对于无理的要求，没必要委曲求全，在这个复杂的世界生存下去已经是个难题，就不要为了顾及别人的感受而忽视自己。免不了要考虑人情世故，但绝对不要以牺牲自己为前提。为了自己，学会拒绝，而且是强势拒绝。

　　小美人如其名，长得漂亮，但或许是太漂亮了，忘了身在职场，脸蛋或许重要，但更重要的是能力。她时常以各种理由推脱自己的工作，与她同组的小欣就遭了殃，虽说初来乍到，还只是个新人，除了要承担小美的一部分工作，还要时不时地为她收拾烂摊子。小美习以为常，凡是能甩给小欣的工作，便顺理成章地交给她。原本小欣认为，多承担一些则多进步一些，但久而久之，她已经成了小美的私人助理。

小美常对小欣说的话就是"这个方案你做吧，我正忙"，或者"这个你帮我一下，我不太懂"……小欣刚来时考虑避免不必要的麻烦，所以任由小美安排，可谁知道小美愈发得寸进尺。一天，小欣正在忙，小美又准备把自己的工作交给她来做，这一次，小欣没有答应，而是直接拒绝了她，明确地表示自己的工作量已经饱和，无法承担更多的工作，而且她会同领导谈一下工作分工的问题。小美听后，不由得一愣，她没想到一向温顺听话的小欣，竟会说出这样一番话。此后，小美收敛了很多，没有再轻易麻烦小欣，而且说话也客客气气的。

如果小欣没有强势拒绝小美，接下来的日子里，她要承受双倍的工作量，还要忍受心中的不满，时间长了，不仅影响她的心情，还会影响她的工作积极性，对她而言是极为不利的。

可能面对同事的无理要求，强势拒绝还来得容易一些。如果换作是养育了我们的父母，面对他们的要求，我们是否该鼓起勇气拒绝呢？

李静来自农村，凭借自己的努力考取了一所重点大学，毕业后顺利进入一家外企，因为工作出色，收入十分可观。不久后，遇见了意中人小吴，两个人你侬我侬，恋爱直至结婚。丈夫小吴也有一份不错的工作，两个人通过自己的奋斗，购置了一套大房子，小吴的父母知道后，便执意要过来和小两口一起住。李静是反对和父母同住的，毕竟生活习

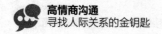

惯多有不同，住在一起必然会有不适应的地方，但考虑到父母想要团圆的心愿，李静还是勉强答应了下来。

然而，自从父母住进来之后，小两口完全丧失了当家作主的自由，大事小情都要听父母的，甚至李静穿什么都要听婆婆的意见。小吴知道妻子心有不满，但又不敢和父母直说，原本说好住一阵子就走，谁知父母提出要再住两年。这可愁坏了小两口，但有苦说不出，只能硬撑着。后来，小两口没少为这事吵架，甚至接连冷暴力，严重时更是有了离婚的念头。当父母表示想要一直住下去的时候，李静当即表示，与父母一起住的话，就离婚。小吴父母得知小两口的真实想法后，虽然不情愿，但为了孩子的幸福，还是决定和他们分开住。

是顺从父母，还是守护自己的婚姻？小吴和李静给出了他们的答案。不住在一起，并不代表不关心父母，而住在一起所产生的矛盾是极为明显的，如果李静没有强势拒绝，那么她原本美满的婚姻也会走向终点。

一个没有原则的人，最突出的表现之一就是不懂拒绝。讲原则，明确自己的底线，不仅要对自己明示，也要明确传达给其他人。

为朋友两肋插刀是义气，但拒绝为朋友插自己两刀也没有问题。

朋友有一个舅舅，虽说辈分大，但实际年龄比朋友只大了两岁而已，他们从小一起长大，更像是兄弟。一天，舅舅打电话要借钱，一张口就要十万，朋友倒是攒了一些钱，十万可以拿得出来，但是舅舅之前没有借过这么多，他有点疑心，便向舅舅询问借钱的原因。舅舅说来说去也没说清楚，翻来覆去就说是做点小生意，现在正是急需周转资金的时候。朋友没有立刻答应，只说给他几天时间筹钱，这几天他联系了家里的其他人，大家都不清楚舅舅做生意这件事，他一直放心不下，便打电话接着询问。谁知，电话是舅舅的一个朋友接的，他说他被拽到了一个传销组织，正在计划着怎么继续接下来的生意。朋友赶忙叫他舅舅过来接电话，明确表态，正当生意百分百支持，但是做传销一分钱都不会借给他。

后来，警察发现了传销组织，将其成员都遣送回家，回家后，朋友的舅舅始终对他爱搭不理。

学会拒绝，是人必备的一种能力，尤其是步入成人的世界，会拒绝的重要性堪比生存技能。给予是一种付出，那么拒绝则是懂得如何理性地选择是否付出。面对违背原则和底线的请求，拒绝是必须的，而且不惜强势去拒绝。

强势拒绝，就要有强势的态度。干脆利落地拒绝，没有半点拖泥带水。

强势拒绝，就要有坚定的语气。该不同意就不同意，不留商量的余地。

强势拒绝，就要有顽强的执行力。说是这样说，做也是这样做，言行合一。

如此，强势拒绝才有成效。

④ 转移话题，避免拒绝时产生尴尬

当面直接拒绝对方的请求，难免会有些尴尬，可以利用转移话题的方式缓和气氛。别小看这一招，运用得当的话，就不用再经历那尴尬的一刻了。

尤其在谈判中，转移话题是一个妙招。双方因一个关键点始终谈不妥，互不妥协。甲方代表坚决地说："如果贵公司无法接受我们的要求，那么此次合作怕是要就此终止了。"乙方代表毫不退让，表示："对于你们所提出的要求，经过慎重考虑，确实无法接受。既然彼此有合作的诚意，不如贵公司改变一下要求。"话音未落，甲方代表已经开始摇头了，无奈地说道："我们所提出的要求，没有任何可以商量的余地，必须执行。"随后，甲方代表准备起身告辞。

与此同时，乙方一位代表站起身来，客气地说道："各位辛苦，已经讨论半天了，现在已经是中午了，不如我们先去犒劳一下自己的胃，听说附近有一家颇有名气的饭馆，酒足饭饱后我们再接着讨论，怎么样？"甲方代表听后，表示确实饿了，同意先去吃饭，工作的事可以稍后继续。

乙方代表的做法是明智的，在双方僵持不下的情况下，与其彼此硬碰硬，不如转移话题，避免谈判因陷入僵局而失败。他以吃饭为由，顺其自然地转移了话题，让大家的注意力从矛盾点转移到吃饭的问题上，缓和了当时的紧张气氛，为接下来的继续谈判做了铺垫。

当对方的请求让你很难拒绝的时候，先别慌，适时转移话题，聊些别的，让对方不再揪着之前的点不放。有了新的话题，他也就进入了新的情境，跳过了刚才的对话。

转移话题的方法并不高深，记住几招即可。

1. 自然转移

当对方已经抛出了一个你不愿答应的请求时，你可以不必急于表态，顺其自然地抛出一个新的话题，让对方跟随你的节奏，而不是被对方的节奏牵着走。

一位体型偏胖的女生在毕业典礼的晚会上穿了一件漂亮的连衣裙，她认为自己一定美极了，便兴奋地问同伴："我穿这件连衣裙是不是很漂亮？"同伴知道她是想要他的称赞，但他觉得并不好看，不想伤了她的心，又不想违背自己的心，便说道："你知道学校附近新开了一家服装店吗，我路过时，看见橱窗中有许多漂亮的连衣裙，我想你肯定会喜欢。"女生高兴地说道："我一定要去逛一逛，我超喜欢连衣裙。"

其实，人人有虚荣心，爱听赞美的话，你不妨多说一些，如果你觉得实在没必要赞美，又不得不回复对方，那就转移话题，自然而然地拒绝了对方的问题。

2. 问题转移

当你不愿直接表态的时候，还可以提出一些问题，让对方去琢磨，当他畅所欲言的时候，你的目的也就达到了。

小张和小李在一起喝酒，小张有了些许醉意，话也多了起来，对小李说："昨天小赵给我在领导那儿告了一状，你得了机会帮我好好教训他一下。"小李不愿答应，便对小张说："领导前阵子还说哪天要组织聚会呢，不知道安排什么活动比较好，你有什么想法吗？"小张一听领导要组织聚会，赶忙推荐了几个地方。刚刚和小李说的话也没再提起来。

3. 答非所问

对方提出请求时，你可以顾左右而言他，其实就是所答非所问，不正面回应对方的请求。

第24届奥运会时，中国代表团抵达汉城后，记者一窝蜂般围着李梦华团长，不停问道："中国能拿几块金牌？"李梦华淡定地说："10月2日之后，你们肯定知道。"记者不死心，又接着问："新华社曾预测拿11块金牌，你认为客观吗？"李梦华答道："中国有充分的言论自由，记者怎么想，就可以怎么写。"

所答非所问，看似正面接住了对方的问题，实则以其他回答来应对，达到了拒绝回答的目的。李梦华教练的回答，看似相关，实则已经转移了记者的重点。

4. 引入自己的问题

对方请求你帮忙，你不愿接受的话，可以提出自己正面临的难题，当你的难题提出来之后，对方也就不再强调自己的难题了。

妻子向丈夫提出购买一套新房子的要求，考虑到自身的经济实力，丈夫准备拒绝妻子的提议，但他没有直接表态，而是对妻子说："亲爱的，我知道现在的房子小了点，让你和孩子受了委屈，我一直在努力。但你知道，我目前处在奋斗期，刚有起色，但磕磕绊绊，处处需要资金周转，最近有一个项目，原本可以大有前途的，但实在凑不齐运作资金，眼看着就无望了……"听到这，妻子赶忙问道："还差多少钱？"丈夫为难地说："十万左右……"话音未落，妻子说道："老公，我给你凑十万，有好的项目别轻易放弃，我会一直支持你。"

原本是要探讨买房子的事，最后却变成了鼓励丈夫奋斗，这就是成功地转移了妻子的注意力。

在转移话题的时候，要注意以下几个问题，才能更自然流畅地拒绝对方的请求。

1. 别太生硬

转移话题过于生硬，会让对方觉得你没有诚意，没有人情味，还不如直接坦诚拒绝来得好。

2. 挑选对方感兴趣的话题

转移话题的时候，挑选话题也是有讲究的，不是随便顺嘴提起某个话题。如果能找对话题，成功引起对方的兴趣，让对方自然地过渡到新的话题上，你的拒绝也就成功了。

3. 考虑紧急程度

如果对方处在十万火急的状态中，无论是有多么不好意思直接拒绝，都要干脆利落地表明态度，不要因为顾及自己的感觉而耽误对方，不能接受就大方说出来。

选对时机，选对话题，让转移话题来帮你完成说不出口的拒绝。不过，你要对自己随机应变的能力有把握才行，不够机敏的话，转移话题反而会适得其反，容易让对方更反感。

❺ 适时沉默，无声拒绝

"沉默是金"，简单的四个字蕴含着深刻的道理，虽然时常挂在嘴边，但人们仍旧低估了它的价值，尤其是在想要拒绝他人，却又难以开口的时候，言语解决不了的问题，就交给沉默吧。

别小看沉默，不说话不意味着没想法，更不意味着退让。沉默能够传达出你的态度，让对方意识到你的难为情和不情愿。沉默所具有的暗示作用能够温和地拒绝对方，避免直接说"不"的强硬。尤其是遇到聪明人，即便是短暂的沉默，他也能够明白你的意思，意识到自己的要求已经委婉地遭到了拒绝，便不会再继续追问。如果遇到了迟钝的人，则需要谨慎沉默。

小张在一家大公司任职，兢兢业业，不但能出色完成本职工作，

还能时不时地帮衬一下其他同事，颇受领导和同事的好评。一天，小张直属上司的上司找到小张，问他可否愿意调到其他部门工作，原来是领导觉得小张表现突出，想让他去其他部门锻炼一下，接触一个全新的领域。小张听后，考虑到自己对现有的工作比较满意，而且暂时并没有转行的打算，便准备拒绝领导的美意。但是，领导显然没有想到小张会拒绝，仍旧滔滔不绝，大谈未来的前景。

如果是你，这个时候会怎么办？要违背本意去接受领导善意的安排，还是当场拒绝他？前者，不但会有损自己的工作积极性，还会影响自己的职业规划；后者，驳了领导的安排，有可能会让领导觉得你不识抬举。思来想去，拒绝的话实在说不出口，最终，小张摸了摸头，始终沉默不语。

领导见他一副难为情的样子，又始终不表态，当即就明白了他的意思，心知自己再多说也没有意义，与其浪费口舌，给下属留下强势的印象，不如让人才在自己认可的岗位上发光发热。随后，领导也表示，小张改变主意的话随时可以找他。

沉默，不是逃避问题，而是以无言来表达自己的态度。

遇到聪明人，沉默可以是拒绝的绝佳方式，但如果遇到反应迟钝的人，沉默这一招一定要慎用。

老李是实在人，乐于助人，朋友需要帮忙时，想到的第一人选必然是他。有时候，明明自家的事还没处理妥当，却应下了朋友的差事。因为他的热心肠，夫妻俩没少吵架，女儿也没少埋怨他。老李也明白，因为帮别人的忙，对妻女有亏欠，但是朋友一开口，他实在不知道该怎么拒绝。后来，老李的夫人告诉他，以后实在推脱不掉，就保持沉默，朋友肯定能懂。

一次，朋友拜托老李来帮忙搬家，但老李已经答应女儿会去她比赛的现场加油助威，原本差点又答应下来，但转念一想，这一次一定要以女儿为重，便想到了妻子的教导，没吭声。随后，两个人乐呵呵地聊起了别的事，老李满心欢喜地以为这件事就解决了。谁知，几天之后，朋友气呼呼地打来电话，问他怎么回事，答应好去帮忙的，结果连个人影都没见到，老李一时语塞，不知道该如何回答。

其实也怪不得朋友生气，老李当时的表态确实有问题，沉默有了，但没能让对方正确领悟他的意思。所以，当我们沉默以对的时候，千万不要认定对方一定会懂。

尤其是感情的事，要讲就讲明白，要拒绝就明确拒绝，不要模棱两可，给人一种错觉。

丹丹和小周是同事，丹丹是女神级的女生，追求者众多，小周就是其中之一。小周爱慕丹丹这件事，公司上下基本都有所耳闻，小周平日里有许多暖心之举，丹丹也看在眼里，比如桌上的鲜花，热乎乎的早点，可口的蛋糕，下雨天出现的雨伞……总而言之，小周在以各种行动向丹丹告白。

一天，在朋友的鼓励下，小周决定向丹丹表明自己的心意，于是约她来到一家氛围安静的餐厅，小周诉说了自己的衷肠，表示一定会好

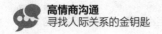

好照顾她，不会让她受半点委屈。面对小周的表白，丹丹没有表态，表情也看不出是欣喜还是尴尬。小周以为丹丹的沉默就是默许了他们的关系，之后的日子里，一如既往地对她好，甚至花费了更多心思。然而，小周的美梦还是碎了，他看到丹丹笑容满面地挽着一个男人的胳膊，随即便将那个男人打倒在地。

丹丹身旁的男子不明所以，站起身来也挥起拳头，两个人就这样打了起来。丹丹在一旁努力劝架，仍无法让两个愤怒到极点的人停下手来。直到警察赶来，两个大男人才住手。原来，小周以为丹丹对他不忠，丹丹也表示委屈，自己并没有答应要做他的女朋友，碍于同事关系，不想变得尴尬，才没有直说。小周更是委屈，他以为丹丹作为女孩子，沉默只是有些矜持，既然没有当面拒绝，肯定就是接受了他的示爱。

沉默不是万能的，要想用沉默这一招来拒绝对方，还是要看对方随后的反应，到底明不明白你的意思，千万别像老李和丹丹一样，自以为用沉默表明了态度，实际上对方根本没有领悟。

⑥ 为拒绝找到合适的理由

为人处事讲究的是"外圆内方"，尤其是要懂人情世故，直白来讲，就是不要惹别人不高兴。因此，我们在明明想要拒绝对方的情况下，为了避免引发不必要的不愉快，时常为难自己，硬着头皮答应下来。人活一世，生活已经足够艰辛，就不要故作姿态了。

想拒绝却又怕伤了和气？事实上，只要你的情商足够高，根本无需担心拒绝对方后会影响彼此的关系，反而不用再勉强自己。

小的时候，会有人问你："这个玩具真好，送给弟弟好吗？"长大之后，会有人问你："这个背包真好看，送给我好吗？"小时候不懂隐藏内心的真实想法，可以毫无顾忌地回答"不好"，但成年人的世界里多了几分顾忌，担心在对方心里留下小气的印象，即便内心在滴血，也笑着把心爱之物拱手相送。

常说成人的世界没有"容易"二字，其实错了，成人的世界里多的是"容易"，比如容易得罪人。

场景一：

公司临时聚会，但你已经连续加班许久，身心俱疲，一心只想着回家，但面对领导和同事的诚邀，去还是不去？去，就意味着要拖着疲惫不堪的身体继续应酬，不去，就意味着有可能被领导认为"不合群"，少不了内心的一番纠结。拒绝一次聚会而已，真的需要承受内心的煎熬吗？

场景二：

许久未曾联系的朋友突然冒出来，先是热情的寒暄，就在你丈二和尚摸不着头脑的时候，他诚恳地提出了借钱的请求，声泪俱下地诉说着悲惨的遭遇，总之就是急需钱。你愿意慷慨解囊，但是考虑到自己的经济条件，除了房贷车贷，生活费已是所剩不多，别说支援别人了，连自己都快养活不起了。一方面是朋友的难处，一方面是自己的生活，怎么办？难道要饿着肚子，向朋友伸出援手吗？

场景三：

作为以设计糊口的你，少不了有朋友拜托你帮忙，"你随便给我设计个Logo，反正花不了多长时间"，面对如此轻描淡写的嘱托，你帮还是不帮？朋友不清楚设计是一件耗费时间和精力的事，他也不知道你哪怕随便设计个Logo都收费不低，他更不知道你已经为了一个案子埋头苦干了许多天，正处在体力、脑力严重透支的阶段。这个时候，你打算强撑着答应下来吗？

诸如以上场景，在我们的生活中并不少见，我们本心是想着拒绝对方，但往往很难开口，或者一旦说了"不"，就等同于做错了事，得罪了人，甚至有些人根本做不到拒绝对方，拒绝别人会产生愧疚感，会觉得不好意思，就像是做了什么对不起对方的事情。其实，我们大可不必有太多压力，只要情商够高，即便是拒绝，也可以得到对方的理解。

在拒绝对方时，可以找些恰当的理由，也就是我们常说的借口。用借口来拒绝并非不礼貌的行为，有些时候用得体的借口来拒绝对方，既能达成婉拒的目的，又能避免对方的责怪。

1. 表明自己有心无力

在拒绝时，诚恳地表明自己的意愿，但实际情况确实不允许。比如同事邀请你周末结伴出游，但你已经和其他人约好去看电影，那么你可以说："我特别想和你一起去玩，但是和家里人约好了要去看电影，难得有时间陪陪父母，所以就不去玩了。"如此一来，你既表明自己愿意与她同游，但又有不得已的理由，相信她一定能够理解你，即便被你拒绝，也不会责怪你，反而下次还会继续向你发出邀请。

2. 表明自己的苦衷

当不得不拒绝对方时，可以表明自己的苦衷，对方在了解你的苦衷之后，多数情况下不会再重复他的请求。这个时候，态度要诚恳，拒绝对方并不是你的错，你完全可以用诚恳的态度感染对方，让他能够理解你，即便被你拒绝，也不会因此结下梁子。

3. 理由尽量简短

拒绝的理由越简短越好，不要发表长篇大论，说得越多，反而会让对方觉得你是在故意找借口。与其故作解释，不如简短说明情况即可。尤其是当对方比较难缠的时候，不要说个不停，让对方感觉你是十分不情愿的。尤其不要与对方发生争执，不让要原本简单的问题变得复杂。

4. 理由要真，不要假

在讲明拒绝理由的时候，尽量讲真话，不要胡编理由，不到迫不得已的情况，不要用谎言作为拒绝的理由。否则，一旦被对方识破，更容易破坏彼此的关系。坦诚一些，真挚一些，让拒绝变得更容易。

5. 让对方知道拒绝是为了他好

当我们站在对方的角度提出拒绝的理由时，更容易让对方接受。比如拒绝提供帮助，是因为你正在忙其他的事情，不能及时帮助他，为了避免耽误他的事，所以才提出拒绝。

想要找到合适恰当的理由，其实并不难，就看你如何表达。

林黛玉初入贾府时，邢夫人邀请她留下来吃顿便饭。黛玉拒绝了她的好意，却没有惹恼邢夫人。面对邢夫人的盛情邀请，她说道："舅母爱惜赐饭，原不应辞，只是还要过去拜见二舅舅，恐领赐不恭，异日再领，未为不可，望舅母容谅。"听完之后，邢夫人表示理解和支持，毕竟她的理由合情合理，便不再勉强。

这样的理由只是寻常之事，却可以成为完美的拒绝理由。有了恰当的理由，对方也就不好再继续纠缠。喜剧大师卓别林曾说："学会说'不'吧！那你的生活将会美好得多。"拒绝，是你的权利，只要坦坦荡荡，该拒绝就不要硬扛。考虑到彼此的关系，我们大可以用恰当的理由化解拒绝带来的负面影响。

勇敢说"不"吧！别忘了找到恰当的理由！

第 五 章

恰当地 “耍心机”

CHAPTER 05

① 正话反说巧拒绝

说话直来直去，有时或许是褒义，但更多时候，用这四个字评价一个人，却同时包含着褒义和贬义。正话反说，恰好解决了这个问题，让直接的话变得委婉，正着说不通，那就反着说，能达到更好的效果。

当我们面对他人的无理要求，想拒绝却又碍于情面不得不忍让时，不如正话反说，让拒绝的话委婉一些。

秦朝的优旃因幽默颇负盛名。一次，秦始皇为了满足自己围猎的爱好，准备大肆扩建御园，用来养珍禽异兽。诸位大臣心知肚明，这样做于国于民都是件有害无益的事，但又没有胆量拒绝秦始皇的要求。在大臣愁眉不展之时，优旃毛遂自荐，来到秦始皇面前，彬彬有礼地说：

"好，这个主意很好，多养珍禽异兽，敌人就不敢来了，即使敌人从东方来了，下令麋鹿用角把他们顶回去就足够了。"秦始皇听罢，不由得一笑，理解了优旃的意思，最终决定取消原计划。

优旃斗胆劝说秦始皇放弃自己的主张，不仅没有惹得龙颜大怒，丢了性命，反而顺利完成了看似不可能完成的任务，这就是正话反说的妙处。

《史记》中还有一个故事，与优旃的正话反说有相同之处。《史记·滑稽列传》中记载，楚庄王有一匹骏马，并将它视作宝贝，甚至享有超出大夫的待遇，穿着刺绣的衣服，吃着昂贵的食物，住着奢华的房子，然而，如此宠爱换来的结局是这匹马因过度肥胖而死。楚庄王下令群臣，以大夫之礼为马发丧。原本群臣就有不满，如此一来，更是招致群臣的一致反对。面对群臣的不满，楚庄王放了狠话，"再有议论葬马者，处死"。

忧孟不走寻常路，他跪在大殿之上，失声痛哭，楚庄王不解，忧孟解释道："死掉的马是大王的心爱之物，堂堂楚国，地大物博，无所不有，如今却只以大夫之礼安葬，太吝啬了。大王应该以君王之礼为之安葬。"一番话让楚庄王哑口无言，最终取消了对马的厚葬。

有些话不适合直接说清楚，其中就包括拒绝他人。不是不想拒绝，只是拒绝的话不容易说出口，说出口又不容易让对方心悦诚服地接受。正话反说，让拒绝更委婉，正是展现高情商的时候。

生活中，其实有很多类似的例子。有一则宣传戒烟的公益广告，把

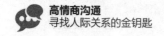
正话反说运用得极为巧妙。片中没有提及任何有关吸烟的坏处，而是恰恰相反，列举出吸烟的四大好处，分别是：一、节省布料，因为吸烟易患肺痨，导致驼背，身体萎缩，所以做衣服就不用那么多布料；二、可以防贼，抽烟的人常患气管炎，通宵咳嗽不止，贼人以为主人未睡，便不敢行窃；三、可防蚊虫，浓烈的烟雾熏得蚊虫受不了，只得远远地避开；四、永葆青春，不等年老便可去世。

表面看来是四大好处，实际上却以正话反说的方式，形象地描述了吸烟的四大危害。如此一来，不会因为直接讲述吸烟危害而引起吸烟者的反感，而是因正话反说变得幽默，让劝说也变得更容易被接受。

正话反说，本质上是从其他角度来表达本意。因此，选择合适的角度尤为重要，角度挑选不当，不但达不到拒绝的目的，反而容易造成误解，甚至会引发新的矛盾。

所以，在使用正话反说这种方式时，有两点需要注意。

1. 不要过于隐晦

拒绝的时候，正话反说已经是颠倒正反来说话了，从反方向入手，就意味着要对方去理解、去琢磨，如果你的正话反说过于隐晦，那么对方就不易理解你的本意，如果抓不住你的重点，也就起不到应有的作用，你也达不到拒绝的目的，等同于白说。

2. 不要有挖苦讽刺之意

考虑到正话反说的目的是为了拒绝，本身就存在引发对方不快的因素，所以在使用这种方式的时候，注意不要有挖苦讽刺对方的意思。尤其是对方比较敏感、比较小心眼时，不要触碰对方的底线或痛处，尽量避开有可能引起误会的痛点。

　　除了注意以上两点，在谈话中使用正话反说时，还要注意场合，要分谈话对象，这些因素全凭自己把握，当你真正能够熟练掌握这项说话技巧的时候，再遇到想拒绝而又不好意思拒绝的情况，就可以派上用场了。有时候，正话反说，比正说更有说服力。

② 以牙还牙

　　"以牙还牙"的做法，直白来讲，就是对方怎么对你，你就怎么对他。运用到拒绝上也是如此，面对一些不合理的请求时，以牙还牙的拒绝办法非常适用。对方过无理分，那么你也不必客气，有时候强硬的态度是很有必要的。对方用苛刻的要求刁难你，你也不必以宽容大度回敬对方。

　　面对对方的荒谬请求，在拒绝的时候，要让对方认识到他要求的荒谬性。

　　甘罗的爷爷是秦朝的宰相。一天，秦王突发奇想，要求吃公鸡下的蛋，三天之内找不到，所有人都要受罚。接到命令后，满朝文武四处去找，根本找不到。甘罗看着愁眉不展的爷爷，便想了个办法。

第二天早上,甘罗代替爷爷上朝了。在众人不解的注视下,淡定地走进宫殿,有模有样地向秦王行礼。秦王见后有些不悦,对甘罗说:"你一个小娃娃,来这干什么?你爷爷去哪了?"甘罗不慌不忙地回答说:"我爷爷正在家生孩子呢,所以托我替他来上朝。"秦王听后大笑起来,说道:"你这小娃娃在这胡言乱语,男人怎么能生孩子?"这时,甘罗说:"既然大王知道男人不能生孩子,那公鸡怎么能下蛋呢?"

面对秦王不合情理的要求,甘罗以牙还牙,用同样的不合理来拒绝他,当他明白了自己的要求有多么不可理喻的时候,你的拒绝也就奏效了。

如果勉强你的人是亲朋好友,你是忍耐还是回击?如果对方太过分,那就回击吧。

小可参加工作八年,辛苦攒下了一些钱,准备作为自己的嫁妆。但是,就是她的血汗钱,也被人惦记上了,而且还是她的父母。小可有一个弟弟,与女友订了婚,全家人都在为他忙前忙后准备婚礼。父母让小可拿出一部分钱来添补聘礼,为儿子在女方家面前争点面子。小可同意给五万,这已经是她能力范围的极限了,可父母仍不满意,指责她一个女孩子没有存钱的必要。

望着父母苍老的面庞,小可心疼又生气,从小到大都是要让弟弟满意,弟弟的需求永远摆在全家人的第一位。如今,他已经是一个成年人了,父母仍旧偏爱他。面对父母的步步紧逼,小可决定捍卫自己的

利益，直接和父母摊牌，她可以多拿钱，但是弟弟的新房要写上她的名字。最终，父母只好作罢，收下了小可的五万元钱。

当你学会以牙还牙的拒绝方式时，不要觉得会得罪人，影响彼此的关系。你的拒绝会让他学会尊重，你要记住，不只有他人的情绪重要，你的情绪也很重要。

③ 问题拒绝法

用提问题的方式拒绝对方，尤其适用于说话腼腆、性格内向的人，这类人不善于直抒胸臆，最怕的就是开门见山，时常是心里想说"不行"，开口却说了"可以"。对于不善于主动表达观点的人，可以通过这种委婉的方式，用提问来暗示对方。

问题拒绝法的本质就是一步步诱导对方不断重新审视自己的要求，从而在不动声色中拒绝对方的要求。当对方说话比较强势，你又很难找到合适的拒绝机会时，向对方抛出接二连三的问题来回应对方的要求，有铺垫地加以拒绝，不但利于成功拒绝，还易于让对方接受。用问题拒绝对方，就是要让对方明白你的态度，对方回答也好，回避也罢，你都能达到目的。

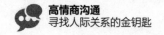

在谈判桌上，两家公司因为价格问题争执不下，甲方报价虽高但完全有理有据，乙方有心成交却无法接受甲方开出的价格，一时陷入了僵局。甲方的价格已经是能够给出的最低价，但乙方仍不满意，为了拒绝降价，甲方代表提出了几个问题：

第一，国内市场上被广泛认可的制造厂家有几家？

第二，世界市场上被广泛认可的制造厂家有几家？

第三，贵公司认为我厂的设备偏贵，依据是什么？

接连三个问题，乙方代表都无法回答，即便他们知道答案，说出来就是给自己挖坑。甲方确实有资本开出这个价格，乙方也是不得不争取甲方的设备。最终，乙方不得不接受甲方的价格，甲方则是成功拒绝了乙方的降价要求。

问题拒绝法，关键在于问题，注意以下三点，会让你的拒绝更有效。

1. 连续提问

至少连续提问三个以上的问题，一个接着一个，引导对方开始思考你所关心的问题，当他开始仔细琢磨你的问题的时候，就说明你的方法奏效了。

2. 抓住关键点

不是漫无目的地提问题，而是洞察到关键点之后，以此为出发点，这样才能表达你的态度。问题越关键，越能说明问题。

3. 刨根问底

有些问题不好意思开口，也就错过了问题的关键。千万不要不好意思，对方能够好意思地为难你，你就不要不好意思拒绝。

用问题表明你的态度担忧或疑虑，当这些问题抛给对方之后，对方也就能够察觉到你的不情愿，由此也不会再勉强你。不过，用问题来拒绝对方的方法适用范围比较窄，也比较不容易把握，所以留心现实的场景，挑选合适的拒绝方式。

④ 条件拒绝，让对方知难而退

人们常说，"严于利己，宽以待人。"实际上，所做所为往往正好相反，对别人要求严格，对自己却是很宽容。所以，在人际交往中，时常会为了满足自己的需要，向他人提出一些无理的要求，然后盼着对方能够无条件接受。有些人在无理取闹的时候，甚至都不自知。

面对无理要求，千万不要为了所谓的情面勉强接受，勉强一时可以，勉强一世却是太难了。该拒绝就要拒绝，一次没有拒绝，接下来就会有第二次，而且有可能一次比一次更无理。当然，即便对方的要求并不合理，甚至有些过分，但仍然要讲究拒绝的方式。毕竟，日后还要相见相处，总要为彼此留有余地。用提条件的方式来应对无理要求，是比较妥当的。

用提条件的方式拒绝对方，提出的条件是有讲究的，如果对方可以满足你的条件，那么你也可以满足他的要求，如果他不能，那么你也不能，如此一来，他就能平和地接受你的拒绝了。

向对方提出相应的条件，表面上是有意答应对方，实质上是以苛刻的条件拒绝对方。

小吴向两家心仪的公司投了简历，并得到了面试的机会。凭借出色的专业能力，小吴顺利获得两家公司的青睐。对于小吴来说，欣喜之余也有一些烦恼，仔细权衡之下，他选择了其中一家公司准备入职，虽然已经明确告知另一家公司，但因对小吴相当满意，这家公司多次表示希望他能够再考虑一下。

对此，小吴没有直接拒绝，而是向对方提出了入职的条件。第一，需要公司提供更高的薪资；第二，需要公司提供免费住房；第三，需要公司帮忙办理当地户口。对方一听，马上犹豫了，薪资待遇比较好商量，但在一线城市，提供住房和户口绝非易事，况且小吴刚刚毕业，虽然优秀，但是还处在职业摸索期。考虑过后，这家公司表示无法满足小吴的要求，从而放弃了邀请小吴就职的意愿。

平心而论，一个初来乍到的新手，竟然斗胆提出如此强势的条件，确实有些不知天高地厚。但正是因为他提出了不切实际的条件，才得以让对方知难而退，不再纠缠。

朋友借钱，你不好意思拒绝？没关系，不用直接拒绝，提条件就可以了，对方经过权衡，自然会放弃。

小红热衷于穿衣打扮，虽然工资不高，但是对大牌包包情有独钟，

宁愿借钱也要入手，身边的朋友基本都是小红的借钱对象。但是，小红总是很久都不会主动还钱，朋友碍于情面又不好意思催她，所以愿意借钱给她的人也越来越少，甚至有些人已经放弃了这个朋友。毕竟谁的钱都不是大风刮来的，关系再好，也不能当她的提款机。

小雪和小红关系最要好，也曾不止一次借钱给她，平常也会抢着买单，暗地里贴补她。小雪多次劝说小红，现在的她还没有能力承担奢侈品，与其四处借钱，不如买一些适合自己的品牌。但小红却不以为然，她认为年轻时就要学会享受，喜欢的东西就无论如何也要买下来，这样才对得起自己的青春。对此，小雪不能认同。一次，小红又来借钱，准备购买新款包包，小雪没有拒绝，而是要求小红把新买的包包先借给她用，否则是不会借钱给她的。对于小雪的要求，小红表示不能答应，小雪则明确表示，不接受条件就不会借钱。最终，小红放弃了向小雪借钱。

对于你提出的条件，对方做不到，那就等同于接受了你的拒绝。这种情况下，对方也没办法再次提出请求。

当然，提出的条件要遵循几个原则。

1. 贴近现实。你提出的条件要尽量贴近现实，太过夸张的条件会让对方察觉到你是故意的；

2. 有较大难度。太容易达成的条件不适合用来拒绝，万一对方点头应允，你自己就下不来台了。

用条件拒绝对方，对方做不到，自然会知难而退，即便心有不悦也不好说些什么。给对方设障，他对你提要求，你对他提条件，这是很公平的，你没有勉强他同意，他自然也不能勉强你同意。

⑤ 折中方案解决两难

折中方案多少有些许"讨价还价"的意思。在接受与拒绝之间，找到一种折中的方案，平衡自己与对方的意愿，如此一来，既能够最大限度地成全自己，又能让对方不会因为被拒而有所不快。

遇到没办法直接拒绝的情况，就可以使用折中方案。比如，对方让你帮他完成一件事，你想要拒绝又不能直接开口，就可以提出折中的方案，或是完成其中一部分，或是等你时间充裕再做。

有时遇到比较难缠的人，即便你已经明确拒绝，他仍然坚持不懈地想要说服你。面对这种情况，继续拒绝很容易造成不快，就需要各退一步，主动提供一种折中的方案，既能安抚对方的情绪，又能给自己解围。

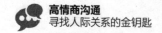

    小梅新婚不久，与婆婆一起住，起初还算彼此和气，日子久了矛盾也就多了。小梅平常加班比较多，下班比较晚，所以晚饭基本都是由婆婆准备，时间长了，婆婆难免有怨言。每逢周末，小梅和老公都是爱赖床的主儿，起床基本上是十点以后的事了，晚上睡觉也要熬到十二点以后，而婆婆则习惯早睡早起。小梅喜欢网购海淘，经常在网上买一些衣服鞋子，有时候买了又退，婆婆看不顺眼，时不时地会和儿子念叨，说小梅花钱大手大脚不知节俭，夫妻俩没少因为婆婆告状而吵架。因为与婆婆的矛盾越积越深，小两口原本甜蜜的生活也变得充满痛苦。

    其实，婆媳之间贵在互相理解，彼此包容，如果能够以宽容的心去接纳对方，而不是因为彼此不同而互相看不顺眼，生活则会是另一种情形。对于小梅和婆婆的矛盾，其实并不难解决，问题的关键是两个人沟通不畅，拒绝接纳彼此。

    关于生活作息不同，小梅可以稍微提前一些起床，平常十点起床，以后可以九点起床；晚上睡觉太晚会打扰到婆婆，那就早点睡觉，早睡早起对自己也有好处；至于网购，这是时代的特征，网购深入每个人的生活，所带来的便捷是有目共睹的，小梅可以在网购的时候多比较，尽量买到心仪的商品，避免总是退货，同时，她也可以教婆婆网购，让婆婆了解年轻人的生活。

    矛盾虽然多，但并非不可调和，加强双方沟通，有矛盾就坦诚地说出来，不要在背地里互相议论，维持表面的和平并不是真正的和平。对于婆婆所提出来的问题，作为晚辈，必要的尊重是要有的，双方完全可以心平气和地讨论，用折中的方案解决问题，既能顾及彼此的感受，又能让矛盾减到最少，日子也就会平和起来。

当你无法直接拒绝对方的时候，折中方案的优势就突显出来了。需要注意的是，折中方案不是随便想出来的，也不是任何一种都能够达到拒绝的目的。所以，要掌握几点技巧。

1. 折中方案视情况而定，分轻重缓急

要想用折中方案来拒绝对方，首先要弄清楚对方着急的程度，分清轻重缓急，再用对应的方案去应对。比如同事拜托你帮忙完成某个方案，如果对方比较着急，你可以说"我现在正为接下来的会议做准备，不如你先把需要的资料整理好，等我稍后有时间再帮你完成"；如果对方并不着急，而你又不想帮这个忙，就不要说"稍后有时间"，要说"这几天太忙了，等过几天再说"，这样对方也就不会在短时间内继续纠缠你了。

2. 只提供一种折中方案，避免讨价还价

明确自己的态度，明确自己的目的，就是要拒绝对方。所以，在提出折中的解决方案时，不要提出多种方案供对方选择，一旦有了选择就会讨价还价，如此一来，原本是想要拒绝，最终很容易演变成变相的接受。同样的例子，同事找你帮忙，你无法拒绝，只好说"不如你先整理资料和思路，或者你先着手做，稍后我再帮你"，当你给对方提供了选择，也就提供了可商量的余地，一旦他选择了其中一种，再拒绝就说不过去了。

3. 尽量切实可行，表达你的诚意

既然是提供折中方案，就要尽量切合实际、切实可行，否则就会让对方怀疑你的诚意。在人际交往中，拒绝对方未必会招惹麻烦，但是没

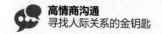

有诚意就很容易落下话柄。朋友找你借钱，开口要五万，你勉勉强强拿出五百，这就不是折中方案，让对方觉得你是在敷衍他，与其给五百，真的不如干脆直接拒绝。

提出折中方案的前提是你能够心甘情愿地接受折中方案，如果这种方案仍使你感到为难，就说明这不是合适的拒绝方式，或者说你所提出的折中方案并不恰当，那么就应找其他方法拒绝。

第 六 章

幽默拒绝，不伤和气

CHAPTER 06

① 幽默能让拒绝变得更轻松

当对方提出不合时宜的请求时，有多少人能够大大方方地直接拒绝？又有多少人是苦笑着无奈地答应下来？社会心理学家苏珊·纽曼曾说："通常，取悦者害怕对峙，他们只是认同，几乎答应任何事，避免令人难堪的争吵或争论。"我们时常会扮演这个可怜的人，牺牲自己的真实意愿，去取悦别人。

换位思考一下，我们在请求对方的时候，同样满心期待，不愿被拒绝。所以，当我们在拒绝对方的时候，就不要太过直接和生硬，顾及一下对方的情绪。幽默，能让拒绝变得轻松，于己于人，都不失为一种得体的拒绝方式。

俄国著名钢琴家鲁宾斯坦有一个故事，极具参考价值。一次，他在巴黎举行演奏会，效果非同凡响。一位仰慕他的贵妇人找到鲁宾斯坦，向他请求道："伟大的钢琴家，我十分仰慕您的才华，我想去参加您的钢琴演奏会，但是没能买到票，您能帮我找一张门票吗？"

面对这位贵妇人的请求，鲁宾斯坦确实无法满足她，一是他并没有票，二是他不愿因此麻烦演奏会的举办方，但他并没有直接拒绝，而是对她说："太遗憾了，我也没有票。不过，我在大厅有一个座位，如果您愿意……"鲁宾斯坦话音未落，贵妇人便急着问道："请问这个座位在哪呢？"他慢慢说道："很好找，就在钢琴后面。"

贵妇人听后，不由得开怀一笑，明白了鲁宾斯坦拒绝了她的请求。尽管遭到拒绝，贵妇人却并不会觉得难为情，也不会埋怨鲁宾斯坦，这就得益于鲁宾斯坦高超的拒绝技巧，用幽默化解了拒绝的尴尬。

同样，罗斯福也是一个运用幽默来委婉拒绝对方得高手。在成为美国总统之前，他曾在海军担任要职。一次闲聊时，一个朋友向他打听海军在加勒比海一个岛上建立潜艇基地的计划。罗斯福确认四周没有其他人之后，悄悄对这个朋友说："你能保守秘密吗？"朋友肯定地回答道："当然能！"接着，罗斯福诙谐一笑，说道："我也能！"朋友哈哈一笑，随后便也没有再提这件事。

试想一下，如果鲁宾斯坦面对贵妇人的请求，直接拒绝了她，她原本对鲁宾斯坦是一种敬仰，此时必然心生不快，而罗斯福的朋友也会因为他的直接拒绝而感到不痛快，但他们二人都幽默了一把，巧妙地避开了矛盾点，不仅成功拒绝了对方，而且没有因此破坏双方的关系。

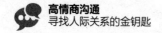

你可能会说，鲁宾斯坦也好，罗斯福也好，都不是一般人，他们应对这种场景自然游刃有余，而我们不过是普通人，用幽默的话语来拒绝对方，哪会这么容易。如果这样想，就是太小看自己了，幽默并不难，我们在日常生活中照样可以运用自如。

比如，当你被自己并不喜欢的人表白的时候，幽默的拒绝方式就非常合适，既能维护对方的尊严，又能达到拒绝的目的。

有位漂亮的姑娘，是位打字员，连续收到一位好友的表白信，她对他毫无感觉，但碍于朋友的关系，拒绝的方式不能太直接。于是，在又一次收到他的信时，她把朋友的信重新打印了一份，并附上一张纸条，写道："我全都替你打完了。"朋友收到她的回信后，明白了她的用意。如此一来，即便表白被拒，今后依旧能够继续做朋友。

当不得不拒绝的时候，只要态度足够真诚，稍加幽默的话语就能轻松拒绝对方。

幽默拒绝有诀窍可循：

1. 开自己的玩笑。

2. 使用双关语言。

3. 正话反说。

4. 多用夸张的修辞手法。

掌握幽默的原则很重要，否则不仅没能避免拒绝的尴尬，还让对方更气愤，就得不偿失了。

1. 拒绝低俗。幽默，不等同于油腔滑调，更不是嘲笑和讽刺，低俗的话更是不能考虑的。

2．尊重对方。说话的时候，要考虑对方反应、表情和忌避的事情，不要挑战别人的底线。

3．分清场合。应该以严肃的态度去应对，就避免打趣的方式。

说"不"，是我们的权利，也能让我们活得更加自在。不敢说"不"，或不会说"不"，只会让自己成为他人的奴隶，努力满足他人的要求，心里有苦却说不出来。如此一来，只会让自己愈发疲惫。

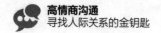
❷ 用幽默缓解尴尬

托马斯·卡莱尔是苏格兰哲学家、评论家、讽刺作家、历史学家，他对幽默的感悟颇深。他说："幽默力量的形成主要在于我们的情绪，而不在我们的理智。你的幽默力量是你，是你以愉悦的方式表现出来的你。它表达出你个人的真诚、你心灵的善良，以及你对别人、对生活的爱心。你能够真正掌握幽默这种力量，那么你也能够表现不平凡的作为，创造有意义的人生。"

实际上，幽默感的重要性无需多言，无论是朋友还是同事之间，那些具有幽默感的人总能轻易俘获其他人的心，让其他人产生好感，好人缘也就这么轻松得到了。拒绝他人时，来点幽默，可以缓和气氛，化解尴尬。

拒绝时的幽默，让你的拒绝更加得体，也更温和，减少"杀伤力"，也就不必担心让对方难堪。幽默不需要多少言语，一句简单的话就可以做到。

当他人提出令你不满的要求时，用幽默的方式拒绝，这是具有高情商的人常用的谈话技巧。

一位非常小气的贵族，想邀请一位著名的小提琴手到他家去演出，便写信给小提琴手："亲爱的小提琴手，我诚挚地邀请您明天上午10点钟来我家喝咖啡。同时，希望您别忘了带上您心爱的小提琴。"小提琴手收到信后，回信说："对于您的邀请，我表示十分感谢，我一定会按时去喝咖啡，不过我的小提琴就不去了，因为它从来不喝咖啡。"

一位被公司领导冷落的老主任被领导叫到办公室，领导对他说："你看是不是要抓紧把你的职位让给年轻人？"老主任痛快地答应下来。领导没想到这一次竟然得到了肯定的答复，赶忙问，"你确定你愿意？"老主任回答说："当然，不过我有一个请求，希望能够把手头上的工作处理好再办理离职手续。"领导满怀期待地说道："那你预计什么时候可以处理好呢？"老主任微微一笑，说道："我想，大概还要10年。"

如何拒绝领导不合理的要求？这位老主任给出了堪称完美的答案。

如果收到邀请却又不愿赴约，该如何拒绝？萧伯纳可以给你示范一下。

一天，一位地位显赫且狂妄自大的太太向萧伯纳发出邀请，希望他来家中做客。在信中，她随意地写到："星期四下午四点到六点，我将在家。"萧伯纳对她的性情十分了解，平常尽量保持零接触，这次，他在邀请函下面写了一段小字："我也一样。萧伯纳。"然后，派人将邀请函送了回去。用幽默机智地拒绝了对方的邀请。

被拒时的幽默，也同样有神奇的作用。

一次，安德鲁到一家旅馆住宿，服务员说："对不起，我们的房间全部客满了。"安德鲁问道："如果总统来了，你有房间给他住吗？"服务员肯定地说："当然有！"安德鲁接着说道："好。现在总统没来，那么你可以把他的房间给我吗？"服务员会心一笑，最终给安德鲁安排了一间房间。

许多人质疑幽默的作用，也有人质疑自己的幽默感，别再犹豫了，认真学习一下，变成一个拥有幽默感的人。

③ 聪明人才懂自嘲

　　敢于自嘲，是一种难得的大智慧。不是所有人都勇于自嘲，也不是所有人都明白适时自嘲的宝贵之处。看重自己的颜面，这是一件好事，也就意味着对自我有严格的要求，不过自嘲与自尊心并不相悖。

　　作家赫伯·特鲁在《幽默的人生》一书中，称自嘲为"最高层次的幽默"，不仅对身心健康有益，还能帮助人们在交谈过程中掌握更多主动权。自嘲，是一种豁达的处世方法，勇于自嘲的人，恰恰是那些充分自信的人。自嘲，并不是无所谓地贬低自己，而是用自己去幽默，尤其是在拒绝他人的时候，是一种乐观且智慧的方式。

　　被拒绝时，自嘲也不失为一种缓解尴尬的好方法。

　　在一次舞会上，一个身材矮小且其貌不扬的男士，来到一位身材

高挑的女士身边，邀请她一起跳舞。女士笑道："对不起，我从来不选比我矮的人做舞伴。"男士不急不恼，微笑着说道："我真是武大郎开店，找错了帮手！"一番话，让那位女士倍感羞愧，一时语塞，只好转身离开了。

可能对方无意令你尴尬，但事实上，对方的拒绝确实不够委婉。一句自嘲，自然而然地逆转了尴尬的境地。

抗战胜利后，张大千从上海返回四川老家。临行前，一众好友特地设宴为他践行，并请来梅兰芳一同赴宴。宴会上，朋友请张大千做首座，张大千说道："梅先生是君子，应坐首座，我是小人，应陪末座。"朋友们一头雾水，不明其意。张大千接着说："不是有句话'君子动口，小人动手'吗？梅先生唱戏是动口，我作画是动手，我理该请梅先生首坐。"满屋的宾客被他的自嘲逗得哈哈大笑，最后张大千与梅兰芳并排而坐。

为了拒绝朋友的好意，张大千自嘲为"小人"，以风趣幽默的口吻婉拒对方的提议，不仅不会驳了朋友的好意，还让席间的氛围颇为愉快。

懂得自嘲的人绝对是聪明人，表面上是贬低自己，实际上却是以这种方式维护自己。从心理学上讲，一个人懂得自嘲，意味着他的人格是健全的。相反，过于在意外界声音的人，内心是敏感的，即便是他人无意之间的举动，都会对他造成心理上的创伤。但勇于自嘲的人，能够接受自己的不完美，也能接受外界所反馈回来的批评或是建议。

怎样做才能成为一个懂得自嘲的人呢？

1. 勇于自娱众乐

能够自嘲的前提，是勇于自娱众乐，也就是能够接受以自己为笑点，去让他人欢乐。不用顾及对方的眼光，嘲笑自己。坦诚来讲，拿自己开玩笑并不是件容易的事，生性自卑敏感的人必然不会主动暴露自己的缺陷。所以，请大胆自嘲，直面人生吧。

外国作家毛姆庆贺80寿辰时，一位为他拍摄照片的摄影记者提议，为了让老寿星看起来年轻些，不如技术处理一下，把脸部的皱纹修一下。毛姆拒绝道："我花了80年时间才有了这些皱纹，怎么能允许你在两分钟之内把它抹掉呢！"一番自嘲，体现出一位老者的豁达。

2. 注意场合

自嘲需要注意场合，不可随心所欲。分清场合，面对不同的环境，面对不同的人，搞清楚自嘲合适与否。

一次，林肯在某个报纸编辑大会上发言，表示自己不应该出席这次会议，因为自己并不是编辑。为了拒绝此次会议，他还幽默地自嘲了一把。他说："有一次，我在森林中遇到了一位骑着马赶路的妇女，我为她让路时，她却停了下来，全神贯注地注视着我。她说，我现在才相信你是我见到过的最丑的人！我说，你说的或许是对的，但是我能怎么办呢？她说，既然你已经生了一副丑陋的样貌，这是无法改变的，但是你

可以选择待在家里啊！"借他人的话自嘲，不动声色地表明了自己婉拒参会、发言的态度。

3. 掌握一个度

自嘲也分真假，分雅俗，不要为了自嘲而自嘲，为了幽默而幽默。掌握好一个度，否则自嘲过了头，真的成了贬低自己，同时还会给他人留下不好的印象。

记者，可以说是一群"危险"的人物，随时可以抛出令人紧张的问题。美国总统克林顿在接受提问时，有位记者毫不避讳地问道："总统先生，对于媒体关于您与莱温斯基女士绯闻的报道，您怎么看？"克林顿不慌不忙地说道："关于我，难道大家都说不出什么新的笑话来了吗？"记者听后，只好尴尬地笑了笑。

克林顿的言语之中，用自嘲化解了被提问的尴尬，同时又以自嘲反击提问的记者。简单一句话，让其他记者都没了脾气，如果没有新鲜的话题，最好也不要开口了。

启功先生是我国著名的书法家，前来求学、求教的人络绎不绝，过于频繁的拜访，直接影响了启功先生的生活。他曾笑称："我真成了动物园里供人参观的大熊猫了。"一次，启功先生得了感冒，身体十分不舒服，为了能够安安静静地休息，便在门上贴了一张纸，上面写道："熊猫病了，谢绝参观；如敲门窗，罚款一元。"这一招果然管用。

著名漫画家华君武先生知道后，便决定效仿，特意画了一幅漫画，并附言说："启功先生，书法大家。人称国宝，都来找他。请出索画，累得躺下。大门外面，免战高挂。上写四字，熊猫病了。"

幽默的自嘲，巧妙的拒绝，让被拒之人莞尔一笑，便明白了对方的意思。

林语堂有云："人生在世，还不是有时笑笑人家，有时给人家笑笑。"既然如此，无论是主动拒绝还是被动拒绝，几句自嘲，就化解了尴尬，在轻松愉快的氛围中达到了目的，被你拒绝的人也忘了生气，你被人拒绝也不会尴尬。

④ 大智若愚，糊涂拒绝

　　大智若愚，只是表面上的愚笨，比如装傻充愣也不是真的傻，真的愣。糊涂，自然也不是真的糊涂，真的不明事理，而是一种智慧，一种聪明。当对方步步紧逼的时候，你不急不躁，用装傻充愣回敬他，既可以避免矛盾升级，又可以稀里糊涂地拒绝他。

　　现实生活中，有太多人想要证明自己有多么聪明，多么睿智，可惜常是聪明反被聪明误。真正有大智慧的人，是不屑于在人前炫耀自己的。相反，有大智慧的人时常一副淡然的样子，而不是像一个跳梁小丑般四处蹦跶。

　　有时候，面对一番美意，直白拒绝显得不领情，装糊涂的方式就可以派上用场了。看似疯言疯语，实际上是在表达自己的观点和态度。

罗西尼是意大利的著名作曲家，在国内备受推崇。一次，对他极为热爱的粉丝们准备出钱出力，为他建造一座雕像，罗西尼听闻此事后，表示反对。后来，得知费用高达1000万法郎时，更是极力反对，拒绝追随者的好意。但是，为了不伤害他们的感情，他没有直接表露情绪，而是说道："天啊，1000万法郎！如果他们肯给我500法郎，我情愿亲自站在雕像的底座上！"罗西尼故意用这番话表示他的态度，粉丝或许心甘情愿给他500法郎，但他可不会真的站在雕像底座上。

当处在被动的局面时，在强大的压力下，更是难以拒绝对方。这时，就可以用装糊涂的方式来拒绝对方，甚至能扭转被动的局面，在绝境中找一条出路。

第一次世界大战后，国际风云瞬息万变，冲突与矛盾并没有因为战争的结束而有所收敛。在战争中，土耳其打败了希腊，这就引来英国的不满。为此，英国特意召集法、美、意、俄等国代表与土耳其在洛桑谈判，目的是逼迫土耳其签订不平等条约。

英国负责此次谈判的代表是外相刻遵。刻遵身材高大魁梧，声音洪亮。以他为首的法、意、美、日、俄、希腊等代表对土耳其虎视眈眈。土耳其负责谈判的代表是伊斯美，与英国外相相比，他身材瘦弱矮小，耳朵有些不好使，也没有显赫的地位。看似一边倒的局面，却被伊斯美凭借一己之力扭转了。当英国就条约咄咄逼人时，伊斯美仍旧淡定从容，对土耳其有利的发言，他一概没有错过，对土耳其不利的发言，他一概听不清。

英美等代表无可奈何，伊斯美趁机说道："现在请允许我讲一下土耳其的条件。"刻遵听后勃然大怒，大声质问伊斯美，其他代表也在一旁帮腔。对此，伊斯美则是装傻充愣，假装听不清，若无其事地坐在那里。刻遵大吼大叫了一顿，却没见到效果，也只好停下来。伊斯美则慢慢将手贴在耳边，身体前倾，客气地说道："刻遵先生，你在说什么？我的耳朵有些聋，听不太清楚，麻烦您再重复一遍。"对此，刻遵束手无策，只能生闷气。伊斯美就是用装傻充愣的方法，击破了英美列强瓜分土耳其的诡计。

某人拿了一份诗稿到报社要求发表，编辑看后，疑惑地问道："这诗是你写的吗？"对方斩钉截铁地说："当然，每一句都是我写的。"编辑认真地说道："拜伦先生，看到您很高兴，我以为您已经死了一百多年了。"显然，投稿人是抄袭了拜伦的诗，而且恬不知耻地说是自己写的。编辑没有直接拒绝接收他的诗稿，也没有直接戳穿他，而是幽默地表明了自己的意见。

如果编辑直接点明识破了对方抄袭的行为并且厉声拒绝，难免会让对方颜面扫地。但编辑装作不知道的样子，幽默地表明了自己的态度，对方也感到无地自容。

装傻充愣考验的是一个人的幽默感和随机应变能力。不是每个人的装傻充愣都能恰到好处，也不是每次装傻充愣都能蒙混过关，所以在选择拒绝方式的时候，要多方面考虑，尤其是要考虑自己的能力。

装傻充愣也要讲究原则和技巧，不能真的傻、真的愣。

1. 关键一个"装"字，要自然，不做作

有些人装傻充愣的时候，太刻意，让人一眼就识破了。最高级的装傻充愣是自然的，能够让人会心一笑，而不是感到被漠视、被捉弄。比如，对方已经和你说得很明白了，你还装作一副听不懂的样子，这就容易激怒对方。

2. 适可而止，别过分

装傻充愣要把握好一个度，要懂得适可而止，在别人能够接受的范围内，你可以揣着明白装糊涂，一旦让对方忍无可忍，就意味着你的方式是失败的。比如，同事有急事求你帮忙，你半天装傻充愣，原本就着急的同事肯定要和你翻脸。

3. 分清对象和场合，该严肃时别耍宝

面对领导的时候，还是不要轻易装傻充愣，无论成功还是失败，对你都没什么好处。比如，领导给你安排了一些脏活累活，你想装傻充愣来拒绝，即便是顺利躲过一劫，也会给领导留下不好的印象。

装傻充愣就是揣着明白装糊涂，但是，装糊涂的时候也要掌握好一个度，别做得太假，让对方察觉出来你装傻。总而言之，这一招用来应对气场强大的人比较奏效。

装傻充愣，就是故意错误理解对方的意思，用幽默的方式反馈给对方错误的信息，从而达到拒绝的目的。恰当且有分寸的装傻充愣，是一种幽默拒绝的方式，与"装疯卖傻"是两回事。

在拒绝别人的时候，装傻充愣是揣着明白装糊涂，不但可以达到拒绝的目的，还能顾全彼此的情面。如果你觉得拒绝的话难以开口，那就试试这一招，考验你的演技和幽默感的时候到了。

⑤ 幽默要讲分寸

　　幽默感是一个人的加分项，试问谁不喜欢幽默风趣的人，谁又会愿意整日和死气沉沉的人相处。无论是亲朋还是同事相聚，如果其中有一个幽默的人，氛围会更和谐融洽。莎士比亚曾说："幽默和风趣是智慧的闪现。"确实如此，一个说话风趣的人必然拥有聪颖的头脑，同时，受人欢迎的幽默一定是讲究分寸的，而不是口无遮拦的。

　　心理学家罗德·马丁通过研究确定了四大幽默风格，分别是亲和、自我拔高、攻击性及自贬，其中攻击性幽默是最不可取的，这样的幽默就变成了讽刺、戏弄和嘲笑，以损伤别人自尊心为乐的幽默害人害己。

　　幽默作为一种可贵的品质，值得每个人加以重视，尤其是向来不敢拒绝别人的人，有了幽默感，拒绝也会变得简单。幽默是人际交往中的法宝，如果你是一个没有幽默感的人，那一定要多练习，这会让你在与人相处时更加游刃有余。

分享两个小故事，会让你充分感受到将幽默运用到拒绝上是多么奏效。

故事一：拒绝不需要唇枪舌剑

在一次制定美国宪法的会议上，有位议员说："在宪法里要规定一条：常规部队任何时候都不得超过5000人。"对此，华盛顿表示反对，但他没有直接拒绝对方的提议，而是微笑着说："这位先生的建议的确很好。但我认为还要加上一条：侵略美国的外国军队，任何时候都不得超过3000人。"

机智诙谐，没有唇枪舌剑，一个玩笑就表明了态度。在如此重要且严肃的场合，华盛顿没有严厉批评对方的不切实际，而是以幽默的口吻假设了一种可能，不仅拒绝了对方的提议，还让原本紧张的氛围稍加缓和。

故事二：拒绝不需要撕破脸

海曼被誉为"世界女排第一重炮手"，曾倾心于一个白人，两个人也曾如胶似漆，最后因为种族肤色的原因而分道扬镳。当海曼的名字享誉世界的时候，曾经的恋人找到她，表示想和她重归于好，并对她说："亲爱的，我们和好吧，现在你已经是世界闻名的大球星了，我非常渴望和你在一起。"面对前男友的示好，海曼微笑道："不知道你爱的是我的名气还是我这个人？如果爱的是我本人，我现在仍然这么黑。如果

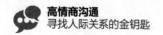
爱的是我的名气，那么这个问题很好解决，请去买球票看球吧！"

如此机智幽默，不仅拒绝了对方和好的请求，也表达了对他的轻蔑。面对如此厚颜的前任，海曼没有破口大骂，没有任何傲慢之情，用自己的幽默拒绝了对方，并且调侃了对方。拒绝前任，海曼足够克制，也足够体面。

拒绝别人的时候，幽默感可以派上大用处，在被别人拒绝的时候，幽默感更是必不可少。拒绝别人，是要顾及对方的感受，被拒绝的时候，则是要照顾自己的感受，来点幽默感就足以消减由被拒绝所带来的尴尬。

在普希金年轻时，还只是个默默无闻的小人物。一次，在彼得堡参加一个由公爵举办的舞会时，普希金诚挚地邀请一位年轻漂亮的女士跳一支舞，然而面对他的邀请，这位女士轻蔑地拒绝了他，冷笑着说道："我不能和一个小孩子一起跳舞。"不仅被拒绝，还受到了嘲讽，普希金没有生气，绅士地说道："对不起！亲爱的小姐，我不知道您正怀着孩子。"说罢，礼貌地弯腰鞠躬，随后离开了舞会。

有些人遭到拒绝时，会尴尬，会产生一种被伤害的情绪，有的会恼羞成怒，有的会感到失落。实际上，被拒绝并不是多大的事，完全可以用幽默缓解一下尴尬的气氛。

幽默不是开个玩笑那么简单，要注意场合，要把握分寸，否则只会弄巧成拙。

1. 内容不能低俗

低俗的幽默登不上台面，虽然能够博人一笑，但笑过之后，只会质疑你的修养，不但没能塑造幽默的形象，反而会让对方觉得你低俗不堪。

2. 态度要友善

幽默是为了增强感情，让沟通更顺畅，减少因为你的拒绝而对别人造成的负面影响，如果你的态度不够友善，对别人来说都将是一种挑衅。不要在开玩笑的时候冷嘲热讽，拒绝是你的权利，但不该是你随意发泄不满的出口。

3. 分场合、对象

开玩笑一定要注意场合，有些场合可以任由你开玩笑，但有些场合切记要收起你的幽默。同时，也要区分对象，有些人性格外向，不介意被开玩笑，他能够抓住你的笑点一起会心一笑，有些人比较内向，或者有些小心眼，你要是和这类人开了玩笑，即便你并无恶意，但对于别人来说，你或许已经触碰到了他敏感的神经。所以，开玩笑要慎重。

有能力幽默就幽默一下，没有幽默感就不要强行幽默，凡事都讲究一个度，想拥有幽默感，可以多学习，多练习，同时，幽默感离不开对生活的洞察和积累。培养幽默感的过程，是一个自我提升、自我修炼的过程，去享受这个过程，相信不用多久，你也可以用幽默感去化解拒绝别人的尴尬了。

第 七 章

做人坦荡，拒绝更有底气

CHAPTER 07

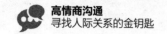

① 拒绝诱惑，才能随意拒绝

俗话说"拿人手短，吃人嘴短"，接受一些蝇头小利的诱惑，就不得不去做自己不情愿的事情。生活中往往是这样，想拒绝却开不了口，因为受了人家的小恩小惠，所以碍于情面，想不答应都不行。

要想保留拒绝的底气，就不要随便受人恩惠。鲁国宰相孙仪十分喜爱吃鱼，鲁国人投其所好，纷纷送鱼给他。对此，孙仪一概拒绝，不收任何人送来的鱼。有人不理解，为什么他明明喜欢吃鱼，却又要拒绝送来的鱼呢？他解释道，如果收下，那么一旦对方有事相求，就很难开口拒绝。为了可以随心所欲地拒绝，不至于吃人嘴软开不了口，干脆就拒不接收。

可惜，孙仪的远见不是人人都拥有的，尤其是在现代，生活处处有诱惑，又有太多人向往不劳而获，很难控制自己不去贪图便宜。

　　商家往往摸准了消费者贪小便宜的心理，所以各类活动层出不穷，往往用一些廉价的小礼物就足以打动消费者的心。

　　同事小周听说婚博会有活动，只要到现场就可以领取精美的礼品，周末的时候就拉着朋友一起去了。确实，婚博会非常热闹，刚入场就收到各种宣传海报，场地中心还有劲歌热舞，围着一群人在观看。小周一边走一边收着传单，有销售人员送上礼物后，邀请她们详细了解，小周因为刚刚拿了礼物，实在不好意思拒绝，心里想着进去待一会儿就出来，也算是给人家一个面子，结果进去就被不停地推荐，没定婚纱照，倒是定了一套闺蜜照。

　　因为收了推销员的小礼物，就不好意思拒绝对方的邀请，只好心不甘情不愿地浪费自己的时间。这样的场景太常见了，健身卡推销员给了你一份小礼物，你欣然接受，随后他拜托你留下自己的联系方式，你原本不想给他，但毕竟已经收了人家的礼物，也不好意思拒绝，便写下自己的名字和电话号码，心里也十分清楚，肯定会有一阵子电话轰炸。明知结果，却还是在礼物面前败下阵来。

　　当然，不是所有人给予恩惠都是别有用心，但是聪明人会时刻保持警惕，心中有一杆秤，有意识地避开利益的陷阱。

　　老梁是一个办事处的主任，官不大，但是权力不小，算得上是位卑权重的角色。平日里，老梁是个低调内敛的人，为人处事也很谦卑，无论是朋友还是同事，有人找他帮忙的话，也是竭尽全力。但是，老梁有

一条原则，不收礼，无论贵重与否，都坚决不收。有人找他办事，无论关系远近，熟识还是陌生，都不会收任何东西。一次，一位朋友托他办事，知道他不收礼，所以特意搜罗了一些并不贵重的土特产聊表心意，但他仍然拒绝了这些礼物。交谈过后，这位朋友想走后门，托老梁介绍项目给他，老梁当下就表示了拒绝。朋友碰了壁，只好告辞。

事后，老梁的妻子问他为什么一些不值钱的东西也不收呢？老梁回答说，即便是不值钱的东西，也是礼物，收下了就要为人家办事，之所以立下不收礼的规矩，就是为了能够保留拒绝的权利，互不相欠才是最好的相处模式。

拒绝诱惑，也就相当于给自己留了后路，留下了随心所欲做决定的机会。

② 忍耐也要有限度

忍耐要有限度，一味忍让，只会助长对方的"嚣张气焰"，让他们对你的好心习以为常。当你为自己的忍耐度设限后，再遇到类似的情况，就能时刻提醒自己，你的忍耐是有限度的，该拒绝的时候一定不要再忍耐了。

小张就属于忍耐无限度的人，凡事有求于他，几乎都能被满足，其他人都称赞他是个随和善良的人，但只有他知道自己吃了多少亏，受了多少委屈。他有一个远房亲戚，关系不远不近，平常但凡联系就是亲戚找他帮忙。起初，只是来借辆自行车，小张觉得家里的自行车闲置着也没用，索性就送给了这位亲戚。后来，他换了辆代步车，替换下来一辆电动车，这位亲戚知道后，便找到他支支吾吾地说着自行车经常掉

链子。他一听便知亲戚的来意，就提议将电动车低价卖给他，谁知亲戚的意思是，先借着骑一阵子，之后会还回来的。他也不好再说什么，就答应了下来，这一借就是一年多，亲戚没再提起这件事，小张也不好张口，就这样电动车也换了主人。

亲戚如此一而再再而三地借东西，小张一直忍耐着，一直在自我宽慰，并给自己约法三章，东西可以借，但是如果不方便外借就必须拒绝。一次，这位亲戚打电话给他，直接询问他最近有没有换车的打算，如果他换车的话，能不能把这辆旧车借给他，冬天骑着电动车实在太冷了，但是又没有买车的钱。小张犹豫了一下，他确实有换车的打算，但不是现在，便直接拒绝了，但承诺如果换车的话，还是可以低价转让。这位亲戚在被拒绝之后，说话的口气马上就变了，没再多说什么便挂了电话。

你以为自己是在默默付出，但也许在对方眼中，你做的一切不过是理所应当。他之所以可以毫无顾虑地托你帮忙，就是因为你的一再妥协。

作为子女，"百善孝为先"，但是面对父母时，也要懂得忍耐有限度，不能一味顺从父母。比如婚姻，是一个人的终生大事，走进婚姻这座围城，就等同于选择了一种人生。但是，令人不解的是，在这个推崇自由恋爱的时代，依旧有人不自由，究其原因却又怪不得别人，只能怪他们面对人生抉择的时候，无法拒绝他人提供的选择，稀里糊涂地走进了围城。

父母为儿女操劳一生，终身大事自然不会落下，但凡到了适合婚嫁的年纪，若是仍孤身一人，父母这颗心就无法安稳，张罗着亲朋好友介绍对象，督促着儿女去相亲。有太多人原本不愿草草了事，却在父母的一再催促下，只能接受安排。

小童家境优渥，肤白貌美，从小就是个乖孩子，学文学理，考哪个大学，选修哪个专业，都是遵照父母的意见。毕业后进了机关单位，感情上却一直没有进展。看多了痴情怨女的分分合合，一向任由父母安排的小童选择不慌不忙，秉着一切随缘的心态，一转眼就到了30岁。小童的父母对女儿的现状着实着急，在他们看来，事业的成功只是人生的一部分，而婚姻大事才最为要紧。可想而知，为了能够让女儿早早成家，小童父母没少组织亲友的聚会，刚开始还比较隐晦，后来就开门见山直奔主题，央求大家推荐优质男青年。

亲朋好友没有辜负小童父母的嘱托，时不时便介绍相亲对象，小童也没闲着，相亲不断。可惜，小童和任何一个人都不来电，父母仍旧不死心，甚至动员邻居帮忙。小童的慎重成了父母眼中的挑剔，在他们看来，小童错过了许多良缘。为了让女儿尽早安稳下来，他们强力推荐了一个人选，使出浑身解数撮合两个人。最终，在父母的不懈努力下，小童没再坚持，觉得各方面条件旗鼓相当，也就嫁了。但出嫁后才发现，男方有许多恶习，婚姻生活并不幸福。

你有没有与小童类似的遭遇呢？即便是终生大事，也多半听从了别人的意见。不懂拒绝，只好接受，最后的酸甜苦辣也只能自己承担。如果小童能够拒绝父母的安排，拒绝他们自以为是的安排，她的人生或许是另一番模样。

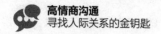

③ 不轻易麻烦人

不想总被麻烦，就不要总麻烦别人。反过来说，一个凡事喜欢麻烦别人的人，除非厚脸皮，否则很难开口拒绝别人，毕竟也算是欠下的"债"。所以，想要名正言顺地对别人说"不"，很重要的一点是能亲力亲为就不要借他人之手。

不去麻烦别人，并不是说遇到问题或是困难就自己硬扛，还是可以求助他人的，只是说尽量依靠自己完成，而不是想着自己省事而麻烦别人。

小芳周末有个聚会，正好和朋友顺路，朋友便提出可以开车去接小芳，对此，小芳直接拒绝了朋友的一番好意。在小芳看来，她与朋友并不顺路，如果朋友过来接她，还要特意提早出发，绕好大一个弯子，这就浪费了朋友的时间。而且，小芳直接打车过去很方便，也可以把控自己的时间。和小芳这样的朋友相处起来，最大的感受就是轻松自在。

工作上也是一样的道理，尽己所能，各司其职。一个人可以做好自己的本职工作，不因自己的工作麻烦别人，那么就能理直气壮地拒绝其他同事分派来的杂七杂八的工作。比如小李，在自己的岗位上尽职尽责，当同事拜托她帮忙的时候，她会考虑自己的时间和工作完成情况予以答复，当她的工作量达到饱和时，她便直接拒绝对方。正因为小李平常很少麻烦别人，所以别人也能接受她的拒绝。如果小李平日里就是一个时常给别人添麻烦的人，那么其他人请她办事的时候，她即便想拒绝，也要再三考虑，因为拒绝之后很有可能招致同事的非议。

无论是生活还是工作，能独立完成的事，尽量不要牵扯到其他人。不给别人制造麻烦，也是为了给自己减少麻烦。

帮助自己爱麻烦别人的人，也被称为"伸手党"，在他们看来，不过是别人的举手之劳。他们不愿意做的工作，或是自己解决不了的问题，都可以甩给其他人，甚至认为理所应当，所以用不着思考是否会对别人造成困扰。伸手党对"举手之劳"的认识是有偏差的，即便对方说自己是举手之劳，也不过是一种谦虚的说辞。

无论是朋友还是同事，保持适当的距离比较好。朋友之间坚守一条原则，我不麻烦你，也请你不要麻烦我。听起来似乎有些不近人情，一副"勿扰勿近"的模样，但往往可以避免很多麻烦。

我们常说付出不求回报，常说"但行好事莫问前程"，但是当你的付出成为一种廉价的劳动力，并影响了生活时，就不要再勉强自己去做

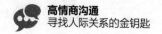
那个烂好人了。成人的世界，其实有一条默认的原则，即等价交换，彼此互助是这段关系得以稳固并长存的前提，只有一方索取一方给予，注定有人要受委屈。所以反过来讲，如果你不去索取，也就不需要勉强自己去给予。

俗话说"人情比钱难还"，你欠了人情，就要想着如何还。你给别人添了麻烦，当别人找到你寻求帮助的时候，你也必须竭尽所能，你是没有退路的，一旦拒绝，你就十有八九会背上忘恩负义的名号。所以，不轻易麻烦别人，不轻易欠下人情债，也是对自己的恩惠。

不随意麻烦别人，也是一种尊重。

小陈在外企实习，初来乍到难免会有许多不懂的地方，便抱着虚心学习的态度，诚恳地向周遭的同事请教。一次，在讨论一个方案时，他提出了自己的疑问，会上同事只是简明扼要地作了解释，他似懂非懂，也没再追问。会后，他自己都已经忘了这件事了，可在几个小时之后，为他解答的那位同事拿来一份整理好的资料，详细解释了他在会上提出的问题。原来这位同事利用午休的时间，仔细查找了相关资料，并且做了细心的整理。

这次经历让小陈印象深刻，他的随口一问，便耽误了对方这么多时间，自此以后，他便决定如果没有紧急情况，就尽量自己搞定，不去麻烦别人。

同事不愿意坐公交上班，便要坐你的顺风车，明明你并不顺路，他却觉得你可以稍微绕道去接他。让他肆无忌惮麻烦别人的理由，只不过是因为觉得你是他的同事，坐你的车甚至算不上什么麻烦事。

明明是麻烦别人，却始终理直气壮，心安理得地打扰别人的生活。不麻烦别人是一种教养，拒绝别人无意义的麻烦是一种本事。每个人都是独立的，一个不懂拒绝的人，并非体现了他的友好，而是他的怯懦。

尽量不去麻烦别人，也就可以尽量避免被别人麻烦。不欠人情，不还人情债。

❹ 以理服人，以情感人

生活中，似乎总会遇到固执的人，即便已经被你拒绝，仍不管不顾，势必要让你答应。遇到这种"坚持不懈"的人，可以用"晓之以理，动之以情"这一招。摆明道理，讲出感情，避免生硬地拒绝。

当然，大道理人人都懂，但是怎么把道理讲得深入人心，让对方心悦诚服，就需要一定的说话技巧。同时，打感情牌也不是特别困难的事情，只要你能够在拒绝的时候妥善运用，这将是不错的一种方式。

斯蒂芬·威尔特谢尔既是"天才"，也是"白痴"。15岁时，他便展现出超强的视觉记忆能力，这世界上所有过山车的位置、每个过山车的爬行角度，以及其他情况，只要被他看过一眼，那么就足以印刻在他的脑海里。因此，他被誉为"一个生活在孤岛上的爱因斯坦式天才"。

　　威尔特谢尔的"超能力"引起了美国国家医学研究院的几名专家的兴趣，他们专程赶到威尔特谢尔家里，用一架直升飞机载着他来到100多米的高空，随后在罗马上空飞行一圈，45分钟之后，专家将他送回地面，并要求他将自己所看到的罗马绘制出来，规定时间是7天。然而，他只用了3天的时间，便将自己的所见绘制在了一张5米长的画卷上，这是一幅完整的罗马全景图，精准程度让专家感到不可思议。

　　为了探索威尔特谢尔大脑内部的构成秘密，专家特意拜访了他的母亲塔妮莎女士，恳请她允许他们对威尔特谢尔的大脑进行电子仪器扫描，以便找到他超级视觉记忆能力的奥秘。但是，塔妮莎拒绝了他们。随后，专家们开始接二连三地拜访，努力想要得到她的许可，并向她承诺，扫描头部的仪器绝对安全可靠，对威尔特谢尔不构成任何威胁。这一次，仍旧被拒绝了。专家们仍不打算放弃，打算给塔妮莎200万美元的报酬，甚至可以更多。对于塔妮莎而言，这笔钱正是她所需要的，威尔特谢尔生活无法自理，在人际交往上也存在困难，所以在他4岁的时候，塔妮莎便辞去工作，专心照顾威尔特谢尔。祸不单行，威尔特谢尔7岁时，他的父亲因酒后驾车而丧命，这个家庭一时间陷入困顿，不得不依靠政府的救济度日。

　　就当专家们认为这一次会得到满意的答复时，塔妮莎却再次选择拒绝，她说："事实上，我并不是担心扫描会对斯蒂芬造成伤害或留下后遗症，让他不再是一个天才，我只是想让他和平常人一样，能生活在自己的世界里。白痴也好，天才也罢，只要他快乐就好，而不是像一个'异类'被研究来研究去，这是我作为一个母亲的最大心愿，也是我拒绝的真正原因。"

　　这是作为一位母亲的答复，一番话有情有理，温和地拒绝了美国专家的请求。面对一位母亲的肺腑之言，换做是谁都不忍心继续纠缠吧。

　　下面是三个发生在我们身边的小故事，可以体会一下"晓之以理"拒绝法。

　　故事一：一位领导非常中意自己的下属，见他仍旧单身，便好心为他介绍对象。下属说："感谢您对我的信任，但实在不好意思，我现在没房没车没存款，还没做好结婚的准备。不过请您相信我，等我事业稳定，经济基础牢靠之后，我一定会认真考虑婚事的。等到那时候，您如果还有合适的姑娘，再介绍给我也不迟。"

　　故事二：有一对夫妻，丈夫热衷于收集古玩，但凡遇到喜欢的东西都会爱不释手，省吃俭用也要买下来。妻子虽然支持丈夫有自己的兴趣爱好，但是考虑到家庭条件，还是反对丈夫不加节制地购买。一天，妻子看丈夫心情愉悦，便对他说："孩子往后要上大学，要出国读书，少不了花大钱的时候。咱两口子苦点累点都不要紧，但是不能耽误了孩子的前途。收集古玩不是不行，只是咱们现在实在没有这个条件，不如先把孩子上学的钱攒下来，等以后富裕了，你再继续自己的爱好，你看行吗？"

　　故事三：一位记者，在没有预约的情况下，找到一位著名企业家，准备进行采访。但是这位企业家并不知晓要接受采访的事，更没有任何准备，想直接拒绝又担心对方下不来台。恰巧，来了一个电话，说是有重要的事情要处理。企业家对记者和善地说道："我正有急事要处理，你知道像我们这种公司，大事小情都需要我来做决定。你现在采访我，我也不能专心回答你的问题。况且，你事先没有打招呼，对你的问题我也没有任何准备，即便是现在接受你的采访，只会让你的采访效果大打折扣。不如下次你提前给我打招呼，我做好准备，为你留出充足的时间，咱们好好聊一下，怎么样？"记者虽然没能完成采访任务，但是听了企业家的一番话，觉得很有道理，便准备告辞，下次再来采访。

讲道理的方式适用于通情达理之人，在你讲道理的时候，能够耐心倾听，并且能够理解你的用意。对于那些骄横无理的人，就不要用晓之以理的方式了，他们不仅不会听，还会觉得你太罗嗦。所以，面对不同的人，要用不同的方式。

不管是晓之以理，还是动之以情，目的都是为了让对方更平和地接受被拒，不要因为被拒而产生任何的不愉快。

❺ 找个挡箭牌

　　拒绝的话难开口，是担心对方会责怪你，对你有所不满。换个角度来看，有一个简单的方法就可以避免"引火上身"，即转移矛盾，直白来讲就是找个挡箭牌。这种方法多少有点"嫁祸于人"的意思，但是只要你运用得当，就能轻松达到拒绝的目的。

　　小王有一个交往了十多年的朋友，可以说是从小一起长大，彼此知根知底。最近，朋友说遇到了难事，要向小王借五千块钱，小王没问原由就把钱借给了他。没几天，朋友又来借钱，神色慌张，问起原因吞吞吐吐，只说是遇到了困难，实在凑不够钱。小王没多想，毕竟这么多年的情分，别说几千块钱，就是几万块钱也是不会犹豫的。后来，小王偶然听说，这个朋友这段时间和一些地痞流氓走得很近，每天也不出去工作，而是在一起打牌，有时候一天就输几千块。小王听说后，赶忙给朋友打电话询问情况，问他最近工作如何，困难解决了没有，朋友只说一切还好。谁知，没过几天，他又找到小王，恳求再借一万。

这一次，已经知道真相的小王决心不再纵容朋友，他已经走上了赌博的不归路，不能任由他继续下去，否则总有家破人亡的一天。小王对朋友说："不是兄弟不借你，你嫂子看得比较紧，工资都是全部上交，之前借给你的钱都是我的私房钱，现在一千都没有了。而且你嫂子痴迷理财，有点钱就都存银行了，家里也就剩下一些生活费。你要着急用钱，我这还有几百，我给你五百，你先应应急。"朋友原本还想多借点，听他一说，知道他是"妻管严"，也不好再开口了。

最后，为了不伤朋友的面子，旁敲侧击地说："知道你最近过得困难，工作上如果有不顺心的事，可以找我聊聊，再难也是会好起来的。但是，别走歪门邪道，不为自己着想，也要为你的老婆孩子想想。"朋友听出他的言外之意，有些惭愧，没说什么就走了。

这就是让老婆给自己当挡箭牌，别人知道你的难处也就不会责怪你。妻子是已婚男士最有效的挡箭牌，毕竟"妻管严"的威力是有目共睹的，也更容易引发同感，有了同感也就更能理解彼此。

小林是个热心肠，平常没少给同事帮忙，自然收获了好人缘，但心里的苦只有她自己知道，不仅要忙自己的工作，还要为别人赴汤蹈火，往往是加班加点完成工作，牺牲了许多休息时间，即便如此，也不敢有半点怨言，同事一声招呼，她仍旧义不容辞。同事自然喜欢这样勤快的

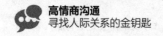

姑娘。但小林恋爱以来，经常因为别人的杂事而推掉约会。男朋友表面上支持她的工作，心里难免有些失落，偶尔说起来，也是希望她能适当为自己着想，不要太纵容同事。

一次，男朋友生日，与小林约好烛光晚餐。小林早早就准备了礼物，并且在当天认真打扮了一番。谁知，到了快下班的时候，同事又来找小林帮忙了，说是自家孩子生病了，不得不赶紧回家，希望小林帮忙把剩下的工作完成。小林想要拒绝，但看着同事感激的样子，心又软了，便不得不推迟和男朋友的约会。就这样，小林让男朋友在餐厅足足等了三个小时，等她赶到餐厅时，已经是九点了。

这件事让小林触动很大，一方面是男朋友的贴心，另一方面是自己的软弱，忽视了亲近的人的感受。于是，小林决定要学着去拒绝。之后，同事又来找小林帮忙，小林说："不好意思，领导交给我的任务还差不少，他着急让我下班之前交给他呢，你看看其他人能不能帮忙，我这也是忙不过来了。"同事一听是领导着急的工作，也不好硬要她帮忙，便自觉地走开了。这让小林意识到，拒绝其实没有那么难，多数时候不是同事太过分，而是自己太软弱，如果自己能够敢于说"不"，也许同事并不会因此生气，而自己也不会因此耽误自己的生活。

"挡箭牌"要找准确，要有"权威"，也就是让你无法抗拒的人，这样才能令对方信服。比如朋友叫你出去玩，你可以说母亲大人禁止你喝酒，还规定晚上八点之后必须回家。有了权威的命令，你也就相当于有了"鸡毛令箭"。

那些必须要拒绝的事

CHAPTER　08

① 拒绝做冤大头

有些人就喜欢占别人的便宜，而有些人偏偏习惯了被别人占便宜，毫无反抗之力。从根本来讲，是拒绝的意识和能力太差，人活一世本就有诸多纷扰，不要再让自己背负太多烦恼。

拒绝做冤大头，拒绝被无休止地占便宜，是时候摘掉"冤大头"的帽子了。

小梅的老公是个热心肠，家里一众亲戚有困难都会先找他，一是办事稳妥，二是有求必应。他自己做点小生意，比上班族的时间稍微自由一些，收入也多一些。一次，他的表姐摔伤了腿，便打电话让他负责接送，原因是表姐夫工作忙，抽不出时间。对此，小梅表示了不满，来回接送就要耽误做生意，一天就是几千块，而表姐夫一天工资也就二百，为什么要让他老公奉献时间。

与小梅老公相似的人有很多，因为不懂拒绝，为周遭的人付出人力、物力、财力，不断被占便宜。实际上，这是懦弱的善良，注定要成为"牺牲品"。

在职场，稍不留神就会变成冤大头，如果遇到这样的情况，千万别忍气吞声，一定要明确表示拒绝。

小严在公司里面任职项目经理，上个月有一个价值上千万的分包项目完工，按照惯例需要分包商提供第三方检验报告，但是在小严咨询他的新上司意见的时候，却得到了"不需要检验报告，尽量快验收"的指示，所以小严只好按照上司的意见，很快就把验收流程走完。但是没过多久，项目就出现了严重的质量问题，公司董事长得知此事后，大为震怒，严令追查出现问题的来源。很快公司就成立了专门的调查小组，一层层地追查下来，最终定性为缺少第三方检验报告。而这口大黑锅，也不由分说地扣在了小严的头上。

职场上有很多陷阱，扣你黑锅的人，通常都是那些手里握着话语权或者考评表，甚至是与所谓的职场"人情"有关，此时的你就成了黄风怪金钵里的孙悟空，上天无路，遁地无门。所以，身在职场，一定要学会适时拒绝，黑锅一定要扔得远远的。

❷ 拒绝不合理的要求

没有自知之明的人太多，倒霉的就是那些不懂拒绝的人。尤其是面对不合理的要求时，如果没有拒绝的勇气，那就只能打掉牙往肚子里咽。

小刘在一家广告公司上班，除了文案的本职工作外，还在一家自媒体公司兼职，负责运营一个公众号，每天既忙碌又充实。因为文笔好，态度认真，客户好评不断，慢慢地有越来越多的客户专门找他商讨合作事宜。然而，虽然认可度高，收入也不菲，他却增加了许多烦恼，仔细考虑就不难发现，根本原因还是在于他自己不会拒绝。

小刘的工作虽然很明确，仅仅负责运营公众号，实际的工作却远不止这些。有些客户会直接提出其他工作要求，有些与本职工作沾边，有些则是完全不相关。比如，某公司要求小刘帮忙申请注册公众号，在客户看来小刘更专业，肯定比他们自己弄要方便，而小刘也觉得这就是顺手帮忙的事，便一口答应下来。当他提醒对方提供一些必要的证件信息时，对方却要求小刘自行解决，言外之意就是让小刘用自己的证件信息为他们服务。还有一些客户，要求小刘在运营一个公众号的同时，还要负责另一个公众号的维护，美名其曰"运营总监"，虽说文章不需要小刘亲自撰写，但审稿、排版等工作也是要耗费大量时间的。这就相当于收一份钱却要付出双倍的时间和精力。

对小刘来说，兼职的目的自然是赚取报酬，但却无法保证等价交换，这就是不会拒绝的弊端。不会拒绝的后果，就是自己承受额外工作量所带来的损耗，你的时间被挤压，你的精力被耗尽，心情自然也不会愉悦。

工作职责之外的事，不是不可以做，但当这些事影响到你的生活时，就要加以重视。对不合理的要求，坚决说不。没有谁的时间是值得浪费的，既然彼此都认同付出就要得到回报，得到就要给予回报，那么要么谈钱，要么拒绝。

雅基·马森是一位心理咨询师、治疗师，她称那些将友善待人作为唯一行为准则并因此受尽委屈的人为"圣母型人格"，而她自己多年来也深受"圣母型人格"的困扰。在积极寻求治疗的过程中，她创作了《可爱的诅咒：圣母型人格心理自助手册》，分享了她与其他"病友"的故事。实际上，"圣母型人格"距离你并不遥远，甚至自己本身多多少少也存在类似的"症状"。

对别人有求必应，但凡拒绝了别人，内心就会产生纠结不安的情绪，哪怕是不合理的要求，也会有负罪感。造福别人，委屈自己，这也是"圣母型人格"的可爱与可恨之处。一次，雅基·马森的手臂骨折，却仍坚持为家人开车，甚至没有拒绝一同去划船，直到医生开了诊断证明并打上石膏，她才松了口气。

这已经达到了病态的地步，对自己原本无法承受的事也甘愿赴汤蹈火，对别人太过仁慈，对自己又太过残忍。

面对不合理的要求，别心软，别退缩，坦然地说出最真实的想法。

1. 明确区分合理与不合理

有些人的问题在于分不清合理与不合理，对一些不合理的要求也来者不拒，结果就是自己承受委屈。想要铿锵有力地拒绝，首先就要明确区分合理与不合理，只有识破不合理的要求，才能更坚定地拒绝。

2. 拒绝要有力度

言语温和、面带微笑是出于礼貌，但说不行就是不行，没有商量的余地，也没有必要商量。不要让对方觉得你好说话，轻易就能挑战你的原则和底线。坚持你的决定，转变"圣母型人格"的受益者是你自己，所以更应该去努力。

3. 不必为拒绝表示道歉

拒绝是你的权利，况且是面对不合理的要求，不必为自己的拒绝而道歉。错的是那个提出不合理要求的人，而不是拒绝不合理要求的你。为人处世坦荡荡，不需要多做解释，更不需要因为维护自己的权益而低头。

4. 学会表达，学会沟通

在人际交往中，学会表达自己的想法，学会与人沟通，是非常重要的一项技能。在面对不合理的要求时，能够有理有据地表达出来，明确自己的立场，说明自己的想法，让对方意识到自己的不合理，自然也就能够说服对方。

不要让自己承担别人的错误，不要为别人的自私、懒惰买单。

③ 拒绝道德绑架

道德绑架，就是"以道德的名义，要求个人或集体为其牟利，这种以圣人标准要求普通人的行为，让人难以拒绝"。

生活中的道德绑架数不胜数，那些人站在道德的制高点上，为了达到自己的目的而想方设法操控别人。让人防不胜防，你要做的就是学会拒绝，并且做一个不用道德绑架别人的人。

常见的道德绑架有以下几类，如果遇到了，就别客气。

第一类，将你的努力定义为"举手之劳"。

用"举手之劳"来进行绑架的人，多是朋友或是同事关系，以为彼此相熟就可以随心所欲地要求你为其服务。你懂设计，就会让你免费设计；你是老师，就会让你帮孩子辅导功课；你有熟人好办事，就会让你从中帮忙搭线……总而言之，就是觉得你帮个忙不过是举手之劳，是轻而易举的事。其实，这种喜欢以举手之劳来进行道德绑架的人，本质上就是贪便宜。

应对这类人，不要心慈手软，你的付出未必会赢来对方的珍惜和尊重，多数情况下，他只会认为你的帮忙不过是小事一桩，根本谈不上付出。实际上，对方根本不知道你为了帮这个忙，付出了多少。因此，与其让对方得了便宜还卖乖，浪费自己的时间，不如直接拒绝。拒绝的时候，可以明确说明自己的情况，给出拒绝的理由。比如找你辅导功课，你可以讲明自己备课比较忙，没有太多闲暇的时间；或者你可以告诉对方，辅导一小时功课是二百元……目的就是告诉对方，他随口一说的这个忙，需要花费成本。

第二类，"倚老卖老"。

这在日常生活中也很常见，凭借自己的年龄来要求别人。典型的例子就是有部分广场舞老人，完全不顾旁人眼光，在酒店大堂、篮球场、火车车厢过道跳广场舞，一副爱谁谁的表情。广场舞本身并没有错，响应全民健身号召，让老年人老有所乐、锻炼身体也很正确，但一定要在合适的地点、时间，用合适的方法去进行。如果依仗自己岁数大就不顾别人感受，强占地盘，就是倚老卖老且毫无道德了。

第三类，"我弱我有理"。

这类人就喜欢"卖惨"，以自己的悲惨遭遇绑架别人为之付出。他做不到的事，如果你可以做到，就觉得你应当为他办事，你如果没有拒绝，即便圆满完成任务，对方也只会认为这是你应该做的。

一位光鲜亮丽的女士在逛街的时候，看见一个乞丐正在乞讨，出

于怜悯之心便拿出五元钱给了他。谁知，乞丐嘟囔了一句"穿这么好的衣服，才给五块钱，真是小气"，这位女士听到后，微微一笑，说道"五块钱也是我辛苦挣来的，不是要来的"，说完拿起自己的五元钱转身就离开了。对于这种不知感恩、只想索取的人，就应该敬而远之。

一次，一辆小货车在路上逆行，一不小心撞到了正常行驶的奔驰，奔驰车主要求货车司机进行赔偿，货车司机原本也答应赔偿，但听说要赔偿几千元钱，一下子就急了，嚷嚷着自己没钱，还理直气壮地说"你奔驰都开了，还在乎这点钱吗，干嘛非得和我一个穷人计较"。最后，奔驰车主没办法，只好收下几百元钱了结此事。有钱不是罪，也没有替穷人承担责任的义务，他可以出于好心不再计较，但作为本该承担责任的一方，不应该以自己没钱为理由去要求对方。

"我弱我有理"，多少有些恬不知耻。所以，擦亮你的眼睛，该拒绝时不要含糊。

第四类，"我是为你好"。

这句话常常能从亲人口中听到，以爱的名义进行道德绑架。"我是为你好"，所以你必须接受安排，听从指示，但凡有所违抗，就是不知好歹。

一次，晓红的母亲提议，不想下厨房做饭了，想出去吃。晓红原本还挺开心，到了饭店才知道，这是"相亲宴"，母亲给她安排了一场相亲。可想而知，这顿饭吃得有多么尴尬。饭桌上，男方的家长与晓红的家长一唱一和，先是互相称赞，接着是"王婆卖瓜自卖自夸"，两个年轻人彼此心照不宣，一看就知道是被双方父母哄骗来的。回家后，晓红直接和父母摊牌，以后不许再有这样的事情发生，她的感情由她说了算，不会再参与任何形式的相亲。晓红的母亲也很委屈，苦口婆心地对她说"我也是为了你好"。

对于这种道德绑架，拒绝起来就要谨慎了，毕竟是至亲，成功拒绝的前提是不要惹他们生气。所以，拒绝他们的时候更要讲究方式方法，不要直接顶撞。

第五类，"我为你付出那么多"。

"我为你付出了，你也要为我付出"，乍一看好像没有什么错，凡事讲究礼尚往来，既然别人为你付出了，你自然也要为别人付出。但是，仔细琢磨一下，还是有问题。关键点在于心甘情愿地付出不该成为绑架别人的筹码。

小赵曾在小李最失魂落魄的时候伸出援手，对此，小李满心感激，对小赵言听计从，有求必应，但凡小赵开口，小李百分之百不会拒绝。一次，小赵向小李借钱，但小李实在凑不齐，小赵便有些失望，对小李说："我帮过你，你就不能帮我一次吗？"一句话让小李哑口无言，无奈之下，不想愧对朋友的小李卖掉了自己的代步车，给小赵凑了一笔钱。

做人要心存感恩，滴水之恩涌泉相报这是古训，同时，古语有云"但行好事，莫问前程"，行善不是为了索取回报，更不能成为道德绑架别人的筹码。拒绝这一类绑架，无需有所愧疚，可以根据自己的实际情况决定是接受还是拒绝。

不去主动进行道德绑架，也不要成为道德绑架的被动接受者。

④ 拒绝做坏情绪的垃圾桶

每个人活在世上，都需要与其他人交流沟通，这是一种本能的需要。有些心事、情绪需要倾诉和发泄，这都是人之常情。有人愿意分享自己的心事，说明他对你的信任，但是这份信任往往成为坏情绪的传播者，让你成为坏情绪的垃圾桶，接收着别人的苦楚，影响了自己的心情。

试想一下，有一个能够随时谈天说地的朋友是多么幸运且值得骄傲的事情，但如果这个朋友每每与你交谈的内容仅限于他的烦闷、痛苦，你会做何感想？

晓晨是个性格直爽的人，平日里大大咧咧，是朋友的开心果。朋友们都喜欢和她聊天，分享自己的心情，有喜悦，也有悲伤。晓晨耐心地

做着倾听者，为他们的喜悦而开心，为他们的悲伤而难过。相反，晓晨并不喜欢与别人分享心情，尤其是糟糕的心情，一般情况下，都是自己默默消化，对着新的一天的到来，也就迎来了崭新的心情。

有一个朋友小月，是个多愁善感的姑娘，和晓晨是许久的朋友。小月有过几段恋情，晓晨是每段恋情的见证者，也是小月在心情低落时最好的倾听者。小月和男朋友吵架了，就会不分时间地给晓晨发信息，不管是凌晨还是深夜，不管晓晨是否已经休息，小月的信息一来，晓晨就要打起精神来听小月诉苦。其实，晓晨并不想了解小月与男朋友的是是非非，也不关心谁对谁错，感情的事两个人自己解决就好。虽然晓晨有自己的态度，但每次小月来了信息，她总是第一时间回复并给予安慰，忍着困乏，认真地听小月诉苦抱怨。有时候晓晨开玩笑说，是小月让她见识了一个男生到底可以有多么坏，尽管晓晨从未谈过恋爱，但从小月的种种表述中，她已经对恋爱这件事有了些许的抵触。有时，气急败坏的小月会把晓晨约出来见面，晓晨不忍心打断小月的滔滔不绝，那个青春爽朗的小月不见了，取而代之的是个满腹牢骚的小月。

在一番倾诉后，小月的心情都得到了释放，但晓晨却将她的痛苦承担了下来。原本愉快的心情，因为她的诉苦而变得沉闷，她成为朋友的知心人，自己却无缘无故地被拉下了水。可怕的是，因为朋友的诉说，晓晨也在不知不觉间受到了影响，她开始排斥恋爱，认为恋爱并不是件愉快的事，情侣之间的矛盾太多了，她更喜欢一个人自由自在地生活。

可以看出，晓晨一直以来都在扮演倾听者的角色，而且是一个完美的倾听者，有耐心，有善心，竭尽全力去承担作为朋友的职责，努力让朋友变得开心，哪怕自己并不愿意接触那些负面的情绪。

成为别人情绪的垃圾桶，除非有强大的内心，否则潜移默化中势必会受到不良影响。当别人开始诉苦时，倾听者在悄然之间接收到了这些讯息，并在毫无意识的情况下，默默转化成自己的情绪，渗透到自己的生活、工作中。解放了别人，却束缚了自己，这是一种无谓的牺牲。

朋友能够与你倾心交谈，必然是信任你，这份信任是珍贵的。但是，你要考虑清楚那是别人的人生而不是你的人生，别人的情绪也不该成为你的情绪，你的喜怒哀乐是独立的，你可以选择拒绝接收那些令人烦躁的信息。

拒绝成为朋友的情绪垃圾桶，不是因为对这份友谊不够珍视，相反，正是因为珍视，才不能让友谊成为你的包袱。珍贵的友谊会让你变得更好，而不是拖累一个人的生活。如果你们是真正的朋友，你可以选择用自己喜欢的方式相处。

不要再做"情绪垃圾桶"了，学会拒绝，让自己的世界变得明亮，而不是被乌云笼罩。面对朋友的诉苦，你可以直接告诉他，你正在忙，稍后再说，这样等你不忙的时候，他的情绪也已经自己消化掉了。或者，你可以转移话题，聊些开心的事，不要总揪着不开心的事说个不停。朋友需要诉说，更需要自我调节。你需要的则是学会拒绝，远离负面情绪。

⑤ 拒绝做职场烂好人

身在职场，就要有身在战场的觉悟，稍不留心粉身碎骨也是有可能的。想要在尔虞我诈的职场保持自我的成长，学会拒绝、不做烂好人，是至关重要的一项。拒绝比接受的难度更高，却也是职场人更应该学会的技能。

你懂得拒绝，就意味着懂得如何向其他人展现你的原则和底线，这样才能让其他人知道如何与你更愉快地相处。学会拒绝，让对方主动适应你，而不是让你去适应对方。有些属于你的分内之事，你理所应当全力以赴，但往往人际交往中会有太多分内之外的事等着你去应对，如果不想因为这些杂七杂八的琐事影响自己的发展，拒绝是你必须要学会的。

管理学大师德鲁克曾经拒绝了一个很有价值的采访，他表示："如果我说富有成效的秘密之一就是把所有的邀请，比如您的邀请，都扔进一个大大的废纸篓的话，我希望您不要认为我太自以为是或者过于粗鲁。根据我的经验，提高生产效率的方式是不要做任何帮助他人工作的事情，而是把所有时间都用于上帝让你做的事情，并把它做好。"这就说明，管理好自己的时间和精力有多重要。

美国康奈尔大学劳资关系学院曾有过一项调查研究，数据显示"带刺儿"的员工比"好人型"员工的工资高18%。影响一个人薪资水平的因素，除了你的专业能力外，处理人际交往关系的能力也是重要因素之一。你想在职场扮演什么样的角色，是有求必应，还是独善其身？随叫随到，并不能证明你的能力，反而从侧面说明你最容易被使唤。

分工不明确的情况下，别人叫你来做，你答应下来，做得好没有奖励，做得不好则要接受批评；其他人向你求助，你二话不说扔下自己的本职工作，全身心投入到"服务同事"的事业中，别人的工作成果与你无关，你却白白浪费了完善自身的时间。

在职场中，明确自己追求什么非常重要。领导说一，你不敢说二，所以被别人推脱拒绝的工作，全都落在了你的头上，你不会拒绝，也就只能有苦自己扛。领导会因此重视你吗？不会的，他只会认为你任劳任怨，以后有别人不愿意完成的工作还会交给你来做。

认清自己，审视自己，你具备哪些核心竞争力，什么样的工作才是你应该争取完成的，什么样的工作又是你可以坦然拒绝的，这些你要心中有数。你要展现的是你的核心能力，而不是帮别人打补丁。你不是打杂的，就不要凡事都揽下来，多在能够提升个人能力的工作上下功夫，少为无所谓的琐事浪费时间和精力。

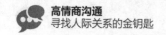

"赠人玫瑰，手有余香"，别再用这句话宽慰自己了。在职场，乐于助人确实有助于获得良好的人际关系，但没有底线的助人为乐，就是对自己的消耗。你的付出要更有意义，而不是简单为了获得几句称赞，一个好人的头衔。职场不养懒人，之所以会有懒人出现，就是因为有"烂好人"的存在。

在职场，学会拒绝与学会接受同等重要，认清哪些工作应该接受，哪些工作应该拒绝，是一个人征战职场的必备技能。

当领导交给你一份超出你职责范围的工作时，你首先要做的不是紧锣密鼓地开始，而是要先思考是接受还是拒绝。职场人经常有一个误区，领导大过天，但凡领导安排的工作赴汤蹈火也要完成，哪怕是鸡毛蒜皮的小事也值得勇往直前。

关于是接受还是拒绝，你可以从以下几个方面来权衡。第一，这项工作是否有助于提升你的工作能力；第二，是否能够开拓你的眼界；第三，是否有足够的把握；第四，是否与现有工作冲突；第五，如果没有顺利完成，是否会造成不良的影响；第六，如果拒绝，是否会惹恼领导。

毕竟是你的领导，对他的工作安排自然要予以足够的重视。不过，有头脑的人绝对不会来者不拒，拒绝不代表不配合工作，相反，如果能够合理拒绝，对你也好，对领导也罢，都将会是一件好事。

一次，领导给小鹏安排了几项任务，但他目前正在同时进行的还有许多工作，甚至还包括许久之前堆积的工作。直接拒绝领导的安排，一是担心领导态度强硬，固执己见，二是担心得罪领导，日后工作上会更难相处，但不拒绝的话也不会有好的结果，工作繁重就势必会影响完成的速度和质量，最终有可能会耽误一部分工作的进度。最终，为了避免更坏的情况出现，小鹏给领导发了一封邮件，详细列举了自己近期的工作安排、完成情况，并排列了先后顺序，诚恳地询问领导，如果有必要优先完成新交代的任务，那么其他任务可否延期完成。领导看过邮件后，考虑到轻重缓急，便将原本要交给小鹏的工作交给了其他同事，最终各项工作都没有耽误。

对待同事的请求也是如此。同事请你帮忙完成一项工作，你更要思考是否需要拒绝。诚然，人际交往是职场的一部分，融洽和谐的同事关系有利于你的工作，但获得和平相处的方法绝对不是无条件的顺从。学会拒绝同事，也是一门必修课，甚至比与领导打交道更重要。

至于是接受还是拒绝，完全取决于你的考量，接受是为了什么，拒绝又是为了什么，这些都需要你自己来把握。

对于接受还是拒绝，有些人是没有想明白，有些人则是想明白却不敢拒绝。无论是哪一种情况，都可以参考以下几个步骤。

第一，转变"好人"思维。

在职场摸爬滚打实属不易，为了自己能够过得更畅快，告诉自己，不做"好人"也没有关系。一个人不可能赢得所有人的青睐，即便你做人做事再周到，也难免会有人对你不满。所以，与其想要讨好所有人，不如先照顾好自己。

第二，专注工作，避免干扰。

职场上，评判一个人是否成功，不是看他帮了别人多少忙，而是要看他是否出色地完成了自己的本质工作。一个连分内之事都无法完成的

人，人缘再好也是一场空。你的薪资待遇和晋升通道，不是同事对你的喜爱决定的。

第三，克服情绪，改变习惯。

对于拒绝，不要抱着抵触的情绪，或许刚开始你会难于开口，甚至会因此感到愧疚。这是因为你的习惯使然——习惯了充当好人的角色，习惯了随叫随到，习惯了接受。

记住，你要做征战职场的精英，不做事事、时时为同事服务的烂好人。

第 九 章

学会拒绝，接受被拒绝

CHAPTER 09

① 被拒绝也是一种成长

对于被拒绝，我们往往心存恐惧，毫不夸张地说，即便是"感到被拒绝"，都足以让我们产生极大的负面情绪，莫名的气愤、自责或是责备他人，甚至会产生一种被伤害的感觉。但不得不说，生活之中处处存在着被拒绝的可能，如果处理不好，会直接影响我们的人际交往。自尊心越强的人，越是难以接受被拒绝的事实，越是如此，学会接受也就显得更为重要。

斯坦福大学劳伦·豪等人在研究过后，将人们在面对拒绝时的反应分为两类：一类人会向内归因，即他们将被拒绝的经历和自我认同联系起来，简单来讲，就是被拒绝之后，会对他们的自我认知产生极大的影响；另一类人则是向外归因，也就说即便被拒绝，他们也不会将自己和被拒绝这件事紧密联系起来。

日常生活中，销售员大概是最经常遭到拒绝的工作，如果接二连三被拒绝，很容易开始质疑自己的能力，怀疑自己是否适合从事销售这个行业。每一个伟大的销售员，学会的第一课，就是接受拒绝并克服心理上的恐惧。

肯德基是家喻户晓的快餐品牌，凡是繁华的商圈，必然少不了肯德基。但鲜为人知的是，肯德基先生曾被拒绝了三千次。当时，他生活悠闲，用退休金开了一家小饭馆，食客络绎不绝，他发明的炸鸡备受青睐，很多人甚至不惜驱车专程赶来品尝。原本一帆风顺，谁知三年后的一次飓风，让他的小饭馆化作一堆废墟，为了生活，他不得不卖掉炸鸡的配方。

推销被拒，不但没有人愿意买下他的配方，还遭到了不少人的嘲笑。一次又一次的拒绝，一次又一次的失望，让肯德基备受挫败，但他仍在坚持，开着一辆小车在全国各地进行推销，终于在三千次的拒绝之后，有人愿意购买他的配方。此后，肯德基的生意遍布全国，甚至全世界。

告白被拒，也是常有之事。当对方拒绝的话一出口，自身的缺点在一瞬间被无限放大，甚至开始否认自己的价值，怀疑自己被爱的可能性。

小雅暗恋着自己的学长，从大一刚入学起，她一直扮演着朋友的角色，参加他所在的社团，参加他举办的活动，凡是与他有关的事，她都积极主动参与，学长也很关照这个小学妹，平日里相处得很融洽。小

雅之所以迟迟没有表白，就是因为害怕被拒绝，害怕被拒绝之后连朋友都做不成。但身边的朋友一直在开导她，成功与否都要试了才知道。于是，在毕业典礼之后小雅鼓起勇气向学长说明了自己的心意，但学长委婉地拒绝了她。在一段时间里，小雅食不知味、夜不能寐，原本活泼开朗的姑娘，变得沉默寡言，总是一副心事重重的样子，让父母和朋友很是担忧。

遭到拒绝，尤其是在众目睽睽之下，无疑是许多人不敢面对的噩梦。面对拒绝，我们首先要摆正心态，拒绝他人和被他人拒绝，是人际交往中再平常不过的事，要以平和的心态去面对和接受。在遭到拒绝后，应该多反思，是不是确实提出了令对方为难的请求，不要因为被拒绝而产生偏激的想法。

人生不可能一帆风顺，他人也不可能完全顺从着你，学会接受拒绝，学会在被拒之后调整心态，从中慢慢成长。

② 遭到拒绝，多问一句为什么

遭到拒绝后，先别急着撤退，别急着否定自己或者责备他人。你可以多问一句为什么，了解对方拒绝你的理由，或许还会有挽回的机会。

被拒绝并不是什么晴天霹雳的事，也不必因为一次拒绝就全盘否定自己，更不要因此记恨对方。发现问题，解决问题，才是成年人的生存之道。是否被拒绝，不是我们主观能够决定的，但是，我们可以通过言语来尽量挽回。

艾琳·罗森菲尔德是美国卡夫食品公司的首席执行官，在美国商界被誉为"权势女王"。然而，让人意想不到的是，在罗森菲尔德走上人生巅峰前，她是一个内向、寡言的女生，不善于人际交往。

罗森菲尔德的第一份工作是在纽约的一家广告公司当模特。一次，

一家食品公司正在为新广告挑选模特，罗森菲尔德非常渴望能够得到这个机会，因为当时她还没有完成公司规定的拍摄任务，如果到月底仍没有完成的话，那么就会被扣掉当月的奖金。看着距离月底就剩几天的时间了，心急如焚的罗森菲尔德主动找到食品公司的负责人，询问是否能够参与此次广告的拍摄。负责人经过一番仔细的端详，抱歉地对她说："我认为你并不适合。"

原本就胆怯的罗森菲尔德，遭到拒绝之后，赶忙红着脸，一声不吭地跑开了。就在她低着头不顾一切往外跑的时候，撞到了她的上司，在了解了事情的经过后，她的上司笑着对她说："为什么要逃跑呢？你难道不好奇对方为什么会拒绝你吗？你可以多问一句为什么，知道理由后，才能重新认识自己，调整自己，去争取更好的机会啊。"

听完上司的一席话，罗森菲尔德受益匪浅，调整了一下情绪，回到负责人身边，询问被拒绝的理由。负责人微笑着说道："你走的太着急了，我本来想告诉你，你的外型并不适合这次广告的主题，但另外一个系列却非常适合，我想推荐你去试一试。"原来转机就藏在拐角处，这让急需完成拍摄任务的罗森菲尔德格外开心，她赶忙答应下来。

如果当我们遭到拒绝的时候，不是急着逃跑，不是急着难为情，而是从容不迫地问一下为什么，或许被拒绝之后仍有希望。多年后，担任卡夫食品董事长的艾琳·罗森菲尔德仍以自己的亲身经历鼓励年轻人，不要怕遭到拒绝，你只需鼓起勇气多问一句为什么，即便被拒绝，也要清清楚楚，不要稀里糊涂的就走掉了，从而丧失了新的机会。

毕业之后，奔波于各种招聘会和各家企业，是毕业生的常态。面试被拒也是常事，但如果是你十分心仪的工作，就准备这么放弃吗？

小孙是一位毕业不久的年轻人，同其他人一样，拿着精心制作的简历四处求职。在毕业前，他已经想好从事新媒体运营的工作，但接连面试了几家公司，都没能成功。在经历了几次失败之后，小孙想不通为什么会遭到拒绝，按理说他的简历足够优秀，在校期间担任学生会主席，还被评为优秀毕业生，奖学金更是一年不落。

小孙的辅导员得知情况后，问了他一个问题，"你有没有问一下被拒的理由呢？"小孙想了想，认真回答说："没有。"原来，小孙在得到否定的答复后，便马不停蹄赶往下一场面试，从来没有直接问过对方拒绝他的理由。因此，即便面试了不少次，仍不知道自己被拒的理由。辅导员给他支了一招，下次面试的时候，即便被拒，也要客气地问一下原因。小孙照做了，面试官的回答是，小孙是毕业生，没有任何工作经验，认为前期他难以胜任这项工作。小孙尝试和面试官沟通，承诺自己愿意以实习生的身份进入公司，薪资待遇可以根据公司对他的考核情况来定。最终，面试官决定给他一个机会。

试问谁愿意遭到拒绝呢？没有人愿意自己被拒绝，但这个世界不是你说了算的，每个人都有拒绝你的权利，而且必然有拒绝你的理由，所以你要做的不是逃避，而是直面这种挫败感。为什么会被拒绝？哪里是关键点？如果可以加以改变，是否可以有不一样的结果？

值得注意的是，多问一句为什么，不是让你穷追不舍，打破沙锅问到底。当对方没有在第一时间给予答复时，就说明对方有意拒绝回答，

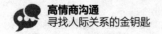

就不要再继续追问。毕竟，没有人愿意被逼问，对方愿意回答自然会告诉你原因。

多问一句为什么，即便是被拒绝，也要弄个明白，即便是被淘汰，也要清楚地退场，而不是稀里糊涂地接受。多问一句为什么，不是让你穷追不舍，苦苦纠缠，而是在力所能及的情况下，尽最大努力试图扭转对方的决定。被拒绝并不可怕，可怕的是不知道自己为何被拒，等到下一次依旧是被拒的结果。

③ 不说尖酸刻薄的话

人生的关键一课，是接受拒绝，可惜很多人这一课没有上好。对于你的请求，对方没有必须答应的义务，既然彼此互不亏欠，你又有什么理由要求他人满足你的所有要求呢？

理解对方的难处，以平和的心态接受被拒绝的事实吧，一时气愤也好，一时口快也罢，别因为他人的拒绝而说些尖酸刻薄的话，对方一时没有帮你，不代表一世不会帮你，所以嘴上留情。

无论你是气愤，还是失望，都不该把负面情绪传达给对方。无论是陌生人，还是亲朋好友，他们并没有义务承受你的小心眼。

老赵家的孩子今年12岁，到了准备上初中的年纪，为了让孩子能够上一所好一点的学校，小赵专程精心挑选了礼物，前去拜访自己的老同学老李，平日里很少有往来，这次老赵也是实在没办法。小李在一所重点中学任教，只是一名普通教师，面对老赵的请求，他直截了当地回绝了，说道："学校的名额有限，而且能够来这里读书的孩子都是凭自己的实力考进来的，实在没办法让你走后门。"

老赵听完，仍不死心，继续攀关系，说着上学的时候，他没少帮老李，现在自己孩子有需要，老李不能坐视不管。老李一再强调，自己只是一名普通的任课老师，根本没有这个权力，况且去重点中学读书并不是孩子的唯一出路，一般中学一样有出类拔萃的学生，何必非要给孩子这么大的压力呢。所以劝老赵放宽心，不必执着于重点中学。

见老李态度坚决，老赵一时着急，说道："还以为你有多大的本事呢，一个中学老师还真是没什么了不起的。"话音刚落，便准备起身。老李见状，赶忙试着挽留，奈何老赵正在气头上，甩开老李的胳膊便离开了。

在老赵身上，是否看到了自己的影子？一旦遭到对方的拒绝，气不打一处来，前一刻还亲密无间的样子，后一刻便恨不得老死不相往来，至于如此吗？真的要因为一次拒绝，就连朋友都做不成了吗？

不要把别人的帮助看作理所应当，如果对方愿意牺牲自己的时间和精力来帮你，要心存感激；如果对方不愿帮忙，也不要心生怨念。换个角度来想，谁没有自己的事情要做呢？换做是你，也不是有求必应，所以互相体谅，不要因为对方一时的拒绝而否定你们之间的交情。

表白被拒，不要说："还真以为自己是仙女下凡了！没有我，你什么也不是。"

人人都有选择权，选择爱一个什么样的人，选择被一个什么样的人爱，这是她的自由。做不成情侣可以做朋友，做不成朋友也不要做敌人。试问当初是谁倾心以对，是谁辗转反侧夜不能寐，被拒绝了就能推翻之前的一切吗？大度点吧，她并没有错，别失了你的风度。

面试被拒，不要说："此处不留爷自有留爷处，爷还不稀罕这个破地方呢。"

不稀罕你大老远的跑来干嘛？这话说出来就酸溜溜的，无论你的能力有多么突出，这句话一出口，就足以证明面试官的决定是正确的，心态摆不正，即便是面试通过，日后的人际交往也会出问题。一次被拒而已，不要对自己失了信心。

借钱被拒，不要说："有几个臭钱了不起啊！"

谁的钱都不是大风刮来的，谁的钱也不是都闲置在家，所以借钱被拒，无论出于多么紧迫的理由，都不该以自己的难处绑架对方。借你，是情分，不借，也无可厚非。

尖酸刻薄的话不要说，否则伤人伤己，丢了朋友，也丢了胸襟。学会理解，不要把自己当作世界的中心，任何人都有可能拒绝你，不论他们拒绝的理由是否合情合理，无论他们的拒绝会对你造成怎样的影响，这都是你要学会接受的。

做一个大度的人，做一个即便被拒绝，也能够坦然面对，笑着接受的人。

④ 被拒绝，学会释怀

我们常习惯于以他人的评价来定义自己，所以极为重视他人对我们的态度是认可还是否定，是热情还是冷漠。对我们而言，他人对我们的认知，甚至决定着我们的自我认知。

当我们向他人寻求帮助时，无一例外希望得到积极的反馈，这不仅仅能够满足我们外在的需求，更是满足了我们内在的心理需求。一旦遭到他人的拒绝，那么，首先是面子上过不去，觉得难为情，然后便是对自我的一种否定，拒绝仿佛成了一种伤害。

我们自知被拒绝的苦楚，所以也不敢随意拒绝他人，有人会恼羞成怒，有人会口出恶言，有人会怀恨在心，总之，不会是好结果。但是，生而为人，我们必须学会拒绝，同时，也要学会被拒绝之后的释怀。无论是拒绝还是被拒绝，学会之后，必定会让已经足够艰难的人生变得稍微轻松一些。

学会释怀，才能继续勇往直前，坚持勇往直前，才能有希望收获成功。

西尔维斯特·史泰龙这个名字可谓家喻户晓，但鲜为人知的是，在他成为国际巨星享誉全球之前曾处处碰壁，前前后后一共被拒绝了1885次。但他没有放弃，也没有耿耿于怀，反而更加珍惜下一次机会，从被拒中学会释怀，并不断提升自己。

成名前，他穷困潦倒，只能勉强维持生计，全部家当都不足以换回一套合适的西装。对于眼前的落魄，史泰龙没有灰心丧气，他立志成为一名演员，他要拍电影，要成为明星。

当时，好莱坞共有500家电影公司，他反复确认，仔细了解，并且规划好自己的面试顺序，带着自己创作的剧本逐一面试。然而，第一轮面试下来，500家电影公司全部拒绝了他。这意味着他的全部希望都破灭了，接二连三都不足以形容他被拒绝的次数。即便如此，他没有灰心丧气，调整好心态，又从头再来。按照第一轮的顺序，他又踏上了面试之路。这一次，依旧是遭到500次拒绝，没有一家电影公司愿意给他一个小角色。

面对1000次拒绝，换作是你，你会怎么选择？继续，还是放弃？放弃可能是绝大部分人的决定。然而，史泰龙不属于大部分人，他重新撰写剧本，开始了新一轮面试。这一次，有人问他："你怎么又来了？"他认真回答："这次与之前都不一样，我创作了新的剧本。"对方随意翻看了一下，便又还给了他，并且表示拒绝。

直到第1600次，史泰龙的剧本终于得到了一家电影公司的认可，表

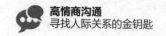
示愿意买下他的剧本，但并不打算让他出演主角。这个时候，史泰龙全身上下总共有40美元，非常需要经济收入。然而，他还是拒绝了对方，他坚定地相信自己能够成为主角。

又是几百次的拒绝，在1886次的时候，一家电影公司决定留下剧本研究一下。几天后，史泰龙接到通知，可以去公司面谈。最终，这家电影公司决定出资拍摄这部电影，并且由史泰龙担任男主角，这就是电影《洛奇》。如果没有史泰龙的锲而不舍，也就没有他今后的成功。

敢于拒绝是一种能力，敢于接受拒绝，并泰然处之，也是如此。

1. 坦然面对自我

一个人能够坦然面对自己是很难得的，我们的无助、脆弱，向来不会轻易对外人诉说，当我们鼓起勇气迈出求助的一步时，往往寄希望于他人，一旦希望破灭，我们首先要面对的就是自己。需要帮助并不可耻，同样，被拒绝也没必要难为情。坦诚面对自己，坦然接受拒绝。

2. 积极面对拒绝

被拒绝会引发痛苦的情绪，这是人人都有过的经历，但是消极以对只会让人更消极，与其各种质疑，不如积极面对，争取依靠自己的力量去解决。

面试被拒，不要因此怀疑自己的能力，"东方不亮西方亮"，一次碰壁不代表次次碰壁。或许，只是你不符合对方所提供的岗位要求，但绝不能因此判定你的能力有所欠缺。即便是达不到对方的标准，也不要灰心丧气，能力是可以通过后天的努力提升的，只要你愿意，只要你肯付出，受挫只是一时的。

3. 别被拒绝打败

不要因为一次拒绝而自我贬低，振作起来。

寻求帮助被拒，不要觉得对方是对你有意见，或许他只是不方便，毕竟他不能全天候二十四小时为你服务，理解他人的拒绝，也不要因此为难自己。况且，不是所有人都会拒绝你，如果真的是所有人都拒绝你，你要做的应该是彻底的反思自己。邀请同事聚餐，遭到拒绝，并不是你的魅力不够，或是你的人缘不好，不要胡思乱想，不要因为一次被拒而牵扯出不必要的是非。

4. 让拒绝督促成长

被拒并不可怕，与其郁郁寡欢，不如反思一下自己，是不是可以做得更好，是不是可以在以后无需向他人寻求帮助，而是由自己来完成。或者，是不是向他人寻求帮助的时候，态度不好？说了不该说的话？总之，反思自己。

生活中会遇到形形色色的人，拒绝的方式也有千万种，有时候说话不讲情面，让人心寒，但不要往心里去，不要因为被拒绝而心怀怨念。学会接受，学会释怀，是我们勇敢走下去的必要品质。

5. 看破，不说破

古人云："世事洞明皆学问，人情练达即文章。"在人际交往中游刃有余的人，想必对人情世故感悟颇深。这样的人，也是真正聪明的人，会顾及他人的面子，不会让他人难堪。无论是拒绝他人，还是被他人拒绝，都需要看破不说破的智慧。

当朋友以各种理由向你寻求帮助或提出要求时，虽然明明知道他的理由站不住脚，但却不直接点明，以此作为拒绝的理由，不让他直接下

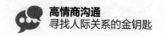
不来台，这就是一种高情商的表现。

《孔子家语·卷二》中，记载了一个孔子借伞的故事。

孔子和弟子们外出，正赶上阴天，但一行人都没有带雨伞。路过子夏的家时，子路提议，要不要去子夏家借把雨伞。孔子表示反对，让子路不要去。因为他认为，子夏护财，一向不太愿意往外借东西，所以与其让他为难，不如干脆不要去。子路则认为，他心甘情愿把自己的东西与大家分享，即便用坏了也不会觉得心疼。既然老师需要一把雨伞，那么子夏没有理由拒绝。

在孔子看来，人与人之间能够和谐相处，关键在于不能强求对方做自己不愿意做的事情。去子夏家借伞并不是不可以，但是考虑到子夏比较吝啬，贸然去借伞，只会让他感到为难，不借会被说成目无尊长，借了又会让他不舍。既然如此，不如不借，不给他添烦恼，也是为了更长久地相处。

孔子教育弟子的一番言论，道出了我们为人处世的一个原则：不要让对方觉得你很难相处。如果你处处以自我为中心，处处勉强别人，那么久而久之，彼此的关系也会出现裂痕和隔阂。

每个人都有自己的脾气禀性，在人际交往中，不要总去摸别人的胡须，触别人的霉头。"人艰不拆"，这是网上的一句流行语，足以说明人人渴望留有不说破的尊严。如果能够在拒绝他人或是被他人拒绝的时候，不拆穿对方，照顾一下对方的感受，不勉强对方做自己不想做的事。能够照顾别人感受的人，自然也会在日常交往中得到对方的照顾。

第 十 章

高情商，让别人无法拒绝

C H A P T E R   1 0

① 避免被拒绝

你向别人求助，一定不愿意听到对方说"不"，这是人之常情。即便我们能够理解对方，但被拒绝带来的情绪上的挫败感一样会存在。聪明人既要学会从主观上接受别人的拒绝，又要学会如何让别人心甘情愿地接受他的请求。

许多人不会说话，或者说情商不够高，明明是有求于别人，却不懂得如何表达，因为不会说话让原本很简单的事情变得复杂。三言两语全是学问，如何在沟通上达到自己的目的，这需要一些说话技巧。

如何最大可能地避免请求被拒的情况发生呢？

1. 确认请求的合理性

你要确认自己的请求是否合乎情理，有了这个前提条件，才能大大提高成功率。不要觉得这一条是废话，有的人就是会自以为是，认为自己的请求是绝对恰当的，根本不知道自己的请求有多么愚蠢可笑。比如你希望同事能够对你给予一定的帮助，最后却将工作全部交给他来做，这就是不合理的请求，对方即便为人随和，肯定也不愿意帮你这个忙。

2. 找到适合的人

找对人很关键，换言之，就是向恰当的人提出恰当的请求。有时候你觉得和对方关系好，所以有些请求不过分，但是，关系好是一码事，能不能帮你是另一码事。比如你想借钱，却找到一个本来生活就十分拮据的朋友，不管你借多借少，十有八九是要空手而归。他或许有心想要帮你，可是有心无力。

3. 简明扼要说清请求

把你的请求言简意赅地说出来，不要吞吞吐吐说得不清不楚。不管是什么样的请求，都要把细节说清楚，让对方能够完全理解你的意思。同时，尽量用简短的话表达你的请求，不要啰嗦半天说不到重点。

4. 如实告知

实话实说，不要为了让对方接受你的请求而有所隐瞒。有时候，为了达到自己的目的，就会有侧重点地表达，故意隐瞒会让对方迟疑的部分，这是不对的。说清楚，说完整，是对别人的尊重。比如，你想邀请朋友到家中做客，但又同时邀请了与这位朋友有嫌隙的另一位，那就要如实告诉他这一点，他有权利知道自己要去参加的聚会都有谁参加。如果你没有提前告诉他，那么当他发现还有自己的"仇人"时，自然不会开心。

5. 有一个充分的理由

一个充分的理由是很关键的，理由足够充分的话，对方也就找不到

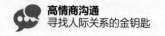

可以拒绝的理由了。反之，对方就会有充分的理由拒绝你。你想让同事帮忙捎早饭，理由是担心自己起床会比较晚容易迟到，那你有没有考虑同事会怎么想？你担心迟到，对方就不担心了？

6. 诚恳的态度提升好感

多数人都是热心肠，你的态度足够诚恳，对方是容易被你打动的。既然有求于人，就要有恳切的态度，不要觉得别人帮你是理所应当的事情。态度好一点，感谢的话提前说，让对方感觉到你的真诚。

7. 讲究说话技巧

一样的请求，使用不同的说话方式就会得到不一样的结果，这就是说话技巧的魅力。你请求同事帮忙，一种是"你帮我写一份企划方案吧"，一种是"有一份企划方案需要你的帮助，咱们一起完成吧"，目的都是让对方帮忙，但是给人的感觉完全不同，一种是推脱自己的工作，一种是恳请对方给予协助，自然是第二种比较容易被接受。

8. 许诺一些好处

寻求帮助的时候，可以许诺一些好处，用利益诱惑对方，会大大提升成功率。其实并不是大家爱占便宜，甚至很多人并不是为了你的好处，但既然你提出来了，就会让对方动心。比如许诺完事之后请对方喝咖啡，请对方吃顿饭，都是不错的选择。

值得注意的是，这些说话技巧是为了让你在与对方沟通的时候更容易达成目的，出发点是建立在自由平等的基础上，不是为了让你占别人的便宜。凡是能够自己做到的，就尽量不要麻烦别人，别轻易开口。除此之外，虽说有了说话技巧，能够尽可能帮你达成所愿，但也不是无所不能的，在任何时候，都要做好被拒绝的心理准备，怀着一颗包容理解的心去面对别人的答复。

9. 承认自己技不如人，需要支援。

好胜心人皆有之，不甘落于人后，更不愿意轻易示弱，不想被别人低看一眼，也就是要争口气。其实，主动承认自己技不如人，需要对方的支援，放低姿态，会更好地赢得帮助。

人是奇怪的动物，害怕拒绝别人，也害怕被别人拒绝，但也因为这样，证明人是感性与理性并存的复杂动物。对于如何拒绝别人，如何避免被别人拒绝，都是需要学习并加以实践的。

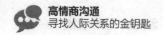

② 找准兴趣点，引导对方接受

心理学家研究表明，人的行动受情感引导，而情感又分为积极情感，如喜欢、愉悦、兴奋等，和消极情感，如厌恶、愤怒、焦躁等，积极情感更能引导人们去理解和接纳，而消极情感则会产生排斥和抵触。

这一点给我们指了一条明路，当需要拜托对方帮忙，或者有其他请求的时候，想努力不被拒绝，找准兴趣点是一妙招。当需要对方接受请求时，首先保证对方不排斥你，你才不会被轻易拒绝。对方需要引导，你则要激发出对方积极的情感。

爱默生是美国大思想家，一天，他与儿子想把牛牵回牛棚，可是两个人忙活了半天，直到精疲力竭，都没能让牛回棚。家里的女佣看不下去了，拿了一些草料过来，老牛一边吃草，一边跟着女佣回到了牛棚。

原来，一把草料就能解决，这就是"投牛所好"。人也同理，分享一个故事，来感受一下投其所好的力量。

匈牙利作家米尔沙特在成名前，经历了许多坎坷，出版社对他不理不睬。有时，他去出版社推荐自己的书稿，还会被编辑赶出去；有时，他的书稿送到出版社后，编辑直接让他帮忙丢进垃圾桶，认为不值得他们浪费时间。

一次又一次的拒绝，让米尔沙特开始反思自己，既然直抒胸臆往往遭到拒绝，不如换一种方式。于是，他再前往出版社的时候，不再直接说明来意，而是找到编辑，主动聊一些他们感兴趣的话题，比如他们刚刚完成出版的某本书，与他们谈论其中的内容。这时候，编辑们对他不再是冷冰冰的态度，而是积极参与到谈话中，每个人畅所欲言，一来二去，一群人聊得热火朝天。此时，米尔沙特在他们眼中不再是一文不值的陌生人。时机成熟后，他才会提起自己的书稿。

找准兴趣点，直白来讲，就是迎合对方的爱好，但绝不是拍马屁。先拉近彼此的距离，让对方卸下防备后，方能心甘情愿地接受。

话说回来，找准兴趣点是一个广泛的概念，并非简单地迎合。

1. 给对方提供可选择的选项

是引导而非强迫，当我们提出请求的时候，可以给对方提供几种可选择的选项。比如，邀请对方外出游玩，可以说"咱们周六去爬山，还是周日去比较好？"可能对方没有爬山的打算，但此时他会考虑，周六和周日哪一天更合适。

2. 让对方感觉到自己被认可

每个人都渴望得到周围人的认可，正好利用这一点，满足对方的心理需要。比如妻子不愿做午饭，对丈夫说："你来做午饭吧，我太累了。"丈夫听到后，会做何感想？他会觉得自己工作也很辛苦，也不愿意做饭。但如果妻子说："你做的饭色香味俱全，我们都爱吃，中午你来露一手吧。"丈夫一听，心里美滋滋的，很开心地走进了厨房。

3. 让对方感觉自己被需要

同被认可是一个道理，人们希望自己被别人需要，无论是家人、朋友还是同事。当你邀请同事去聚餐时，同事百般推辞，但如果你说"你不去大家都觉得没意思"，同事也就愿意参加了。

4. 少说"你"，多说"我们"

当请求对方帮忙的时候，要调动对方的积极性，少说"你要怎么做"，多说"我们可以怎么做"，比如"你帮我组织一场茶话会吧"，这怎么听都觉得是在发号施令，但你说"咱们一起筹备一下茶话会吧"，对方会更愿意出力。

不想被拒绝，就要会说话，掌握高情商的说话技巧，可以在很多时候避免被"无情"拒绝。

③ 用赞美卸下对方的心防

美国著名心理学家威廉·詹姆士说："人类本性上最深的企图之一是期望被赞美、钦佩、尊重。"享受赞美，这是人之常情，人之本性。用赞美让对方卸下心防，当他不再处处防备，你的请求才会更容易被接受。

举一个简单的例子，一个年轻人偶遇一位漂亮的姑娘，瞬间被她迷住了，他走到姑娘身旁，诚恳地对她说："请问，我能不能和你拍张照片？"姑娘面对陌生人，正犹豫不决的时候，这位年轻人又说道："我想向我的朋友证明，天使真的存在。"姑娘听后，害羞地笑了起来，点头答应了他的请求。

试想，如果没有随后的赞美作为补充，姑娘怎么会随便答应一位陌生人的请求。这就是赞美对人产生的影响，运用得当，绝对是积极的

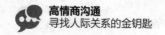

影响。

一次，汽车推销员向一个刚毕业的大学生推销，大学生明确表示不需要，并且有些不耐烦。推销员在挂电话前，说道："尽管您对我们的汽车不感兴趣，但仍希望能够与您继续保持联系，通过与您谈话，我深信您不久后会有一番作为。"

大学生表示不解，问道："你怎么知道我会有一番作为呢？"

推销员回答说："您说话干脆利落，看得出是一个办事干练的人。"

大学生正处在找工作的阶段，屡屡碰壁，心灰意冷之际，听到这番话，顿时来了精神，并表示，"虽然我没有买车的打算，不过我倒是可以给你推荐几个潜在客户。"

营销如此，人际交往也是如此，在已经被对方拒绝的情况下，真挚的赞美能够换来转机，让对方回心转意。

赞美听起来并不难，无非是说几句好听的话，用几个赞美的词语，实则不然。赞美蕴含着丰富的学问，简单总结起来，需要掌握以下几点。

1. 赞美的话直接说

不吝惜赞美之词，用直白的语言夸赞对方，拉近彼此之间的距离，对方对待你的态度也就不会太差。

卡耐基在《人性的弱点》中提到一个亲身经历过的故事。一天，他来到邮局寄挂号信，工作人员态度极差，一言一行都透着不耐烦。卡耐基没有生气，反而真诚地说道："真希望我也有你这样美丽的头发。"工作人员听后，原本皱着的眉头也舒展开了，脸上洋溢着喜悦，随后的服务态度有了明显的转变。

相信赞美的力量，找到对方的闪光点，大方说出来。比如"这件大衣真漂亮，你品味真好""你的演讲真棒，让我受益匪浅""你的皮肤真好，让人羡慕"……不要羞于开口，真诚的赞美是沟通交流中重要的一部分。

2. 多肯定，多赞美

以对方骄傲自豪的事为话题，加以肯定和赞美，对方一定会热情地回应你。

小赵是位别墅设计师，年轻但获奖无数，朋友刚刚拿到新房的钥匙，想拜托小赵帮忙设计一下，但他也知道，小赵的服务对象多是别墅主人，担心他不愿意接自己这种小活。他对小赵说："我认真看了你的作品，毫不夸张地说，是大师级的水平，在传统之中又有自己的独特之处。"小赵得到赞美后，心花怒放，不由得聊了起来，从早期的设计灵感到最近的设计思路，朋友无比崇拜地说："你的设计太棒了，能不能请你帮我的新家设计一下呢？"小赵一口答应下来，并表示朋友能够懂得欣赏他的作品，他非常高兴。

3. 赞美未知的结果

当对方还在犹豫着要不要答应你的时候，你大可以用由衷的称赞引导他答应下来。比如，"由你来做的话，效果会更好，到时候会让更多人受益""这件事交给你处理，肯定能完美解决"……他还没做，但你的称赞已经到位了。

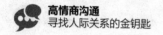

4. 用对比来赞美

"贬低"自己，抬高对方，让对方感觉到你是真的需要他的帮助，弱者向强者求助，强者出于强烈的责任担当意识，会心甘情愿提供帮助。值得注意的是，可以"踩"自己，但尽量不要把对方和其他人相提并论，以免让对方觉得你是在背后说其他人的闲话。"真的要靠你帮忙，如果由我来做，没准就给耽误了。你的话，我就可以把心放在肚子里了，绝对靠谱。"

马克·吐温说："一句赞美的话，能让我不吃不喝活上一个月。"可见，赞美人人适用，且威力无穷。赞美，不等同于花言巧语，真挚的赞美源于你的真情流露。

④ 多做铺垫

有些人或许会好奇，为什么面对同一个人，几个人提出相同的请求，有些人能被接受，有些人却被拒绝。问题就在于有些人懂得提前做铺垫，让原本有可能被拒绝的事情转向利好的方向。

说到赞美，许多人首先想到的是阿谀奉承，是厚着脸皮拍马屁，实际上，这是对赞美的误解。不乏有人出于巴结的目的，说着违心的赞美之辞，但是，真正意义上的赞美是积极的，发自内心的认可和称赞，赞美绝不等同于阿谀奉承。

情商高的人，会更加重视赞美的力量。

1921年，美国钢铁大王卡内基以100万美元的年薪聘请一位执行长，一个名叫夏布的年轻人从众多候选人中脱颖而出。对于这个看起来极为

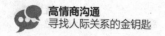

普通的年轻人，许多人表示不理解，为什么会将如此高薪的一份工作交给他？

卡内基解释说："因为他最会赞美别人，这是他最值钱的本事，却是你们最缺乏的一种能力。"后来，不出所料，夏布成为卡内基的左膀右臂，赢得了同事们的认可和尊重，再也没有人质疑卡内基当初的决定。

会赞美，也就意味着懂得认可，如果能够在谈话过程中运用得当，实际上也就是在为以后的请求做铺垫。有了前期的准备，也就会有不错的结果。

1964年4月，法国总统戴高乐辞去总统一职，尼克松亲自写了一封短笺再次邀请他访问华盛顿。戴高乐当时不能应邀，于当天亲自复信写道："亲爱的总统先生：您惠赐的邀请书及您个人热情洋溢手札使我深为感动。这不仅由于您担任美国总统的崇高职位，而是由于这些书信是从您——理查德·尼克松那里来的。我很有理由地对您怀有最大最诚挚的敬意、信任和友谊……"在亲切的赞美中，委婉地拒绝了尼克松的邀请。

你的请求若是遭到了拒绝，排除其他不可抗拒的原因，大多情况下是可以避免的。只要你在说话的时候多使用赞美的技巧，为你的请求做好铺垫，当你提出请求时，也就更容易被接受。

赞美到底有没有效果，试问一下自己就可以得到答案了。当别人夸赞你举止优雅大方，夸赞你学识渊博，夸赞你能力突出时，你开不开心？夸赞你貌美如花，夸赞你器宇轩昂，你开不开心？反过来，别人要是批评你办事不利，批评你马虎大意，你心情是不是会受到影响。对比来看，赞美简直大受欢迎。

当然，赞美也是一门学问，并不像其表面看起来那么简单。但是，只要你掌握了其中的诀窍，便可以用赞美达到你的目的。

1. 因人而异的赞美技巧

千人千面，脾气秉性各有不同，相对应的，夸赞方式也要随之改变。赞美要灵活，面对不同的人，赞美的着力点也不同。

比如赞美年轻人时，要多多称赞他的意气风发、前途无量；赞美老年人时，则可以称赞他的精气神、好心态，甚至可以称赞他的子孙。

2. 赞美要具体，更打动人心

比起"你真漂亮"，效果更佳的话语是"你有一双会说话的眼睛"。当你的赞美越具体化，则越能引发对方的共鸣。

3. 赞美的话要有新意

赞美不仅要有心意，还要有新意。一位女士，被赞漂亮无数次，人见人夸，久而久之，也就厌倦了。所以，与其再说些对方提不起兴趣的赞美，不如认真挖掘一些其他值得赞美的地方。

莎士比亚曾经说过："赞美是照在人心灵上的阳光。没有阳光，我们就不能生长。"对我们每个人来说，渴望得到赞美，也要学会赞美他人。

⑤ 赞美有度，别适得其反

赞美原本是去表达一种欣赏和认可，如果掌握不好，很容易让对方产生反感。赞美之词要么干脆不说，要么就掌握好火候。

日常生活中，善于赞美的人很多，但真正懂得赞美之道的人却并不多。人们总是把赞美想象得太简单，以为简单几句赞美之词就能够真正起到赞美的作用，实则不然。

在日本有近百万人从事寿险行业，许多人说不出寿险公司老总的名字，但所有人对原一平这个名字却格外熟悉，他是日本保险业连续15年全国业绩第一的"推销之神"。在最开始，他就懂得赞美是推销的一门法宝，但是，却不懂得点到为止的诀窍，因此也遇到了一些坎坷。

一天，原一平来到一家小公司，老板是位年轻人。见面后，他便夸赞起来："您真是年轻有为，这么年轻就有了自己的公司，在日本可是少数。能向您请教一下，您是多少岁开始打拼的吗？"

年轻人答道："17岁。"

他接着说："17岁！真的是太了不起了！在您的这个年纪，许多人还只会和父母撒娇呢。您是什么时候开始创办公司的呢？"

年轻人答道："两年前。"

他又称赞道："您仅仅用了两年的时间就让公司有如此大的发展，一般人真的做不到。那请问您为什么这么早就出来工作了呢？"

此时，年轻人有了些许不耐烦，说道："因为家里穷困潦倒，为了能让妹妹继续上学，所以我才早早出来工作。"

随后，原一平又接连称赞了许多方面。最终，这位年轻的老板依旧拒绝购买他的保险。不久之后，原一平才知道，这位年轻人原本是打算购买的，起初的几句赞美很是受用，让他心生愉悦，但随着话越说越多，也越来越烦，便打消了购买的念头。

人们喜欢赞美之词，这一点的确没错，但并不包括盲目的赞美。夸张且言不由衷的赞美就变成了阿谀奉承，被夸赞的人不但不会感到愉悦，反而还会觉得不舒服。

在赞美之前，请谨记几个"不能"。

1. 不能夸大其辞

适度的赞美才能起到积极的作用，夸大其辞的赞美只会让对方感觉你是在假意恭维。在赞美他人时，要遵循事实，掌握一个合适的度。对方明明只是个普通人，你非要说他貌比潘安，对方只会觉得你是在拍马

屁，不够诚心诚意。

2. 不能无中生有

赞美要有理有据，合情合理，不能无中生有，凭空捏造。不切实际的赞美只会降低赞美的可信度，不仅不会赢得好感，还会让对方觉得你油嘴滑舌，不够真诚。

3. 不能笼而统之

笼统的赞美难以打动他人，甚至会被当作敷衍，所以，赞美的话要说就说得具体，说到点上。真正挖掘出他人的闪光点，真诚地提出夸奖，更容易达成共鸣。

4. 不能过分热情

赞美时的确应该抱有热情的态度，但不要过度，过于热情会让对方觉得虚假，觉得肉麻，反而让对方心中起疑，不由得琢磨你是不是不怀好意。

这四个"不能"，基本规避了在希望对方接受的情况下，过分赞美所产生的消极影响。

掌握赞美的尺度，摒弃虚假和过度的赞美，让恰到好处的赞美打动对方。真正的赞美，一定是真诚的、真实的，不是过度的恭维和盲目的吹捧。大胆去赞美，勇敢去拒绝，掌握语言这门艺术，让你的人际交往更加顺畅，也让你拥有拒绝的能力。